ルポ・発達障害

あなたの隣に

はじめに

本書は、２０１１年１月から６月にかけて下野《しもつけ》新聞で長期連載した「あなたの隣に　発達障害と向き合う」と関連記事を加筆・修正し、発達障害に関する栃木県内の識者の論考などを追録して再編集した作品である。「見えない障害」とも言われる自閉症やアスペルガー症候群、学習障害（ＬＤ）、注意欠陥多動性障害（ＡＤＨＤ）などの発達障害。栃木県でも増加傾向が懸念され始めた発達障害児者の現状や寄り添う家族の苦悩、教育現場や雇用する企業の課題などを徹底したルポルタージュによって描いた。

発達障害児者の療育や教育、就労の支援を目的にした発達障害者支援法は05年４月に施行された。それまでは知的障害を伴う場合にしか福祉施策の対象にならなかった発達障害児者をめぐり、国や都道府県の支援を義務付けた制度だ。栃木県でも同法に基づいた支援センター「ふぉーゆう」を設置。07年度から始まった国の特別支援教育も同法の理念に沿っている。本紙の長期連載は、まさに施行から丸５年が過ぎた同法の理念や取り組みを地方の目線、地方の視点で検証し、問題提起を試みる作業でもあった。

事前の準備も含めると９カ月間に及んだ取材・連載のデスクワークは社会部部長代理の茂木信幸記者が務め、取材班は社会部の山崎一洋、くらし文化部の荻原恵美子、阿久津信子の３記者で編成した。東日本大震災の発生で連載を一時中断するなど不測の事態にも対応しつつ、取材班は11年6月に①障害への気付きと受容②オープンな環境をつくる―の2点を社会に向けて提言した。障害の早期発見と家族が受容する重要性、障害をためらうことなくオープンにできる環境づくりの大切さ。提言は発達障害に関する当紙の報道指針とも言える。

連載終了から1年が経とうとする12年4月、思わぬ朗報が届いた。長期連載が、優れた科学報道を顕彰する日本科学技術ジャーナリスト会議の「科学ジャーナリスト賞２０１２」の大賞に選ばれた。地方紙として初めての大賞受賞である。一連のキャンペーン報道を支えてくれたのは、取材に応じていただいた障害のある当事者や家族であり、連載中に多くの共感や励まし、あるいはおしかりの声を寄せてくれた県民読者の皆さんである。本書の出版を機に、あらためて感謝とお礼を申し上げたい。

２０１２年7月

下野新聞社編集局長　　飯島一彦

目次

第2部　手探りの教室

第3部　自立への道

関連企画　震災の中で

関連記事・関連特集

本書は下野新聞の長期連載「あなたの隣に　発達障害と向き合う」と関連記事などに加筆・修正をしたものです。年齢、肩書きなどは全て取材時のものです。２０１１年１月11～６月16日にわたり30回連載されました。本書で県内・県北などとあるのは栃木県のことです。

発達障害とは

発達障害は自閉症や学習障害（ＬＤ）、注意欠陥多動性障害（ＡＤＨＤ）など生まれつきある脳機能障害の総称。発達障害のある人の大半に見られる自閉症は近年、知的な遅れや特性の現れ方がさまざまで明確な分類が難しいことから「自閉症スペクトラム（連続体）」という呼称が使われつつある。

自閉症の特徴は「社会性」「コミュニケーション」「想像力」の三つの障害だ。

「社会性の障害」は、幼児期に親の後追いをしない、自分の気持ちのままに行動し、集団、社会のルールを守れないなどが特徴。「コミュニケーション障害」は言葉の遅れがあるほか、その場の状況や人の気持ちが読めずに相手を不快にさせたり、言葉をそのまま受け取るため、とっぴな行動をしたりする。

「想像力の障害」では、ごっこ遊びができない、予定が分からないと不安になるなど。先を思い浮かべることが不得意なことで、行動のパターン化やスケジュールなどへのこだわりが生じる。

自閉症は知的な障害を伴うことも多いが、知的障害がないと「高機能自閉症」とされ、さらにその中で言葉の遅れがない人が「アスペルガー症候群」とされる。同症候群は特定分野に天才的な能力を発揮することがあるという。

一方、ＬＤは知的障害がないにもかかわらず、読み、書き、計算といった特定分野を学習することに困難がある。読むことでは視力が弱くなくても見て理解することがうまくできず、計算では数の世界をイメージできないため簡単な計算がままならないという症状が現れる。

ＡＤＨＤは年齢に不相応な不注意、衝動性、多動性が特徴。不注意は「一つのことに注意を持続できない」と「好きなことに過度に集中する」の両方の行動の原因となる。過度な集中は、関心があること以外には全く注意を払わない。多動性、衝動性は目的がなく動き回ったり、順番が守れないなどだ。

自閉症、ＬＤ、ＡＤＨＤが重なる例が高い頻度で見られる。

第1部　凸凹《でこぼこ》の世界

自閉症や学習障害、注意欠陥多動性障害といった発達障害。とりわけ知的な遅れのない人たちは、その障害の「見えにくさ」ゆえに見過ごされてきた。2005年度に発達障害者支援法が施行されたが、障害への理解は必ずしも深まったとは言えない。発達障害とは何なのか。県内の教育現場や家庭は今、どのような問題に直面しているのか。私たちの地域や社会は、どう向き合うべきなのか。あなたの隣に広がる「発達障害の世界」の現状や課題、一人一人の個性を認め合う社会の在り方を探る。

リンゴの絵は「白い円」

ぼくには普通のこと

小4・奥木優君（上）

作業療法士と笑顔で会話する奥木優君。この日は苦手な跳び箱のトレーニングに取り組んだ＝大田原市、国際医療福祉リハビリセンター

「優が遅れているのは脳？　それとも体？」

2010年12月21日午後、栃木県大田原市の国際医療福祉リハビリセンター。同県那須町池田小の4年奥木《おくぎ》優《ゆう》君（10）は待合場所の丸テーブルに身を乗り出し、無邪気に両親に問い掛けた。

父親政彦《まさひこ》さん(44)が優しく答える。「体全体の使い方がうまくいかないってことだよ」。センターの訪問は、月1回程度の作業療法のためだ。

両親が「おかしさ」を意識し始めたのは、優君が保育園に通っていた3歳の時だった。担任の保育士から「みんなと集団行動ができない」と聞かされた。園でリンゴのお絵かきを指示された

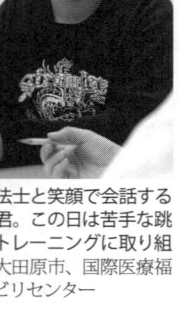

時はいびつな白い円を描いた。理由は「リンゴを切ったところを書いた」。「おかしさ」が目立つのは集団行動。一人っ子の優君を家で見ていた母親美保《みほ》さん（46）は「そんなはずはない」。一風変わったリンゴの絵も、内心は「天才かも」とさえ思った。

決定的な出来事は5歳の時に起きた。親類の集まりの場。母方の親類男性が冗談で「池に飛び込んでコイを捕ってこい」と言うと、優君はためらうことなく真冬の池に飛び込んだ。「おかしさ」への懐疑的な思いは確信に変わった。

アスペルガー症候群―。池に飛び込んだ日から間もなく、児童精神科医からそう診断された。同症候群は、物事の一部だけを見てしまい全体をイメージするのが苦手。言葉を額面通り受け取るなどの特性がある自閉症の中でも、言葉や知能の遅れはない。体を動かす時のバランスの悪さも特徴の一つだ。

「優君、きょうは跳び箱をしようか」。同センターの作業療法。作業療法士の恩田幸子《おんださちこ》さん（28）が促すと、優君は「跳び箱？」と顔をしかめた。恩田さんは小学校からの手紙で「痛い思いをした恐怖からか苦手意識がある」と内々に知らされていた。

「優君は体をどう動かすのかイメージするのが不得意。『学校で頑張れるんだ』と思える部分を引き出せれば」と恩田さん。

４段の跳び箱に挑戦したが、この日は跳べなかった。「やっぱり怖かったけど、ちょっぴりできるようになったよ」

美保さんは時折、その思いをインターネットの会員制交流サイト「ｍｉｘｉ」の日記につづっている。

優君が３年生だった09年５月３日。「ありゃりゃりゃ～　すご～いデコボコ　去年はデコボコがなだらかになって適応力がついてきたと思ったのに…」。優君が受けた知能テストの結果の感想だ。

「知識」「単語」など13項目を検査し、それぞれの評価点を結んだ折れ線グラフ。同様の意味を持つ言葉が具体的にどう似ているのかを答える「類似」は平均をはるかに上回る一方、社会性の有無を調べる「理解」は極端に低い。知能は標準でも、グラフはアスペルガーそのものだ。

取材中、「ポケモン」のことを話し続けることはあったものの、ほかの質問にもはっきり答え、表情も豊かな「普通」の優君。自分のことをどう思っているのだろう。

「うーん。みんなと話していても、自分の好きなことばかり話しちゃったり。やっぱり変かな。でも、それが優には普通のこと」

母の告白、友達が理解
溶け込んだ学校生活
小４・奥木優君（中）

秋が深まった２００７年９月下旬、那須町池田小の小さな会議室。１年生だった奥木優君（10）の母親美保さん（46）が、不安を胸に全同級生９人の保護者に切々と訴えた。

「優はアスペルガー症候群と診断されています。集団行動が苦手で、お子さん方の足を引っ張ってしまうかもしれない。物の見方や聞こえ方も、他のお子さんと異なるんです…」

自然と涙がこぼれた。真剣な表情で耳を傾ける保護者たち。緊張が和らいでいくのを美保さんは感じた。

内容はすぐ同級生に伝わった。友達との関わり方などにストレスをためていた優君。美保さん

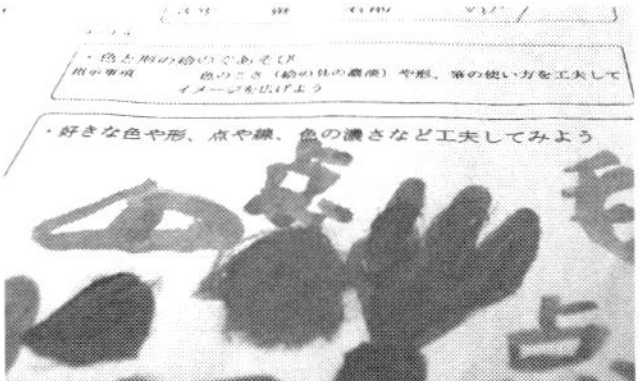

優君が３年生の図工で描いた作品。文章題の「点や線を工夫してみよう」の指示に、「・」ではなく「点」の文字を２通り書いた。言葉を額面通り受け取るアスペルガー症候群の特性が現れている

の「告白」をきっかけに、学校に向かう足取りも少しずつ軽くなった。

その4カ月前の07年5月、美保さんは優君の言葉をノートにつづった。「外に飛び出したくなる。止められない。気がつくと道路で（学校への）戻り方が分からない。追いかけられると逃げるしかない」

休み時間に校庭で友達との追い駆けっこで逃げていた優君は、そのまま学校を飛び出し、校門の南西約200メートルの交差点で教諭に無事保護された。

アスペルガーを含め自閉症の人は、相手の気持ちだけでなく自分の感情を理解するのも苦手。飛び出しなどで暴発することがある。

優君の入学に合わせ、家族は東京から那須に引っ越してきた。「優は来たばかりだけど、同級生はみんな小さい頃から一緒。なかなか仲間に入れなかった」と優君。就寝中の優君が突然「ぎゃー」と大声を上げ跳び起きる姿を美保さんは目にしていた。

同年夏、大田原市の国際医療福祉大言語聴覚センター。校外で事故に遭うかもしれない「飛び出し」の後、優君の対応をめぐり池田小や町教委、美保さんの検討会が開かれた。

優君の支援に携わる町教委の小斎哲也《こさいてつや》指導主事（51）が切り出した。「同級生や保護者に打ち明けましょう」

優君の障害を美保さんは同級生や保護者に伝えていなかった。優君は障害特有の皮膚感覚を持ち、授業中に粘土をこねると落ち着く。事情を知る担任教諭は見守ったが、同級生は「特別扱い。ずるい」。保護者にも疑問が広がっていた。

小斎主事はこう考えていた。「状況の説明はもろ刃の剣。偏見や差別を助長することもある。でも両親や地域の人たち、クラスメートの日常的な様子からすれば、優君を受け入れて事態は好転すると思う」

美保さんの告白後、クラスで鍵盤ハーモニカと歌を披露した1年生の学習発表会。行動の切り替えがうまくいかない優君は、歌の場面なのに吹き口をくわえたままだった。それを女の子が丁寧に外し、演奏の場面になると今度は口元にそっと添えてくれた。

3年生の時、こんなこともあった。約1時間続いた学校の集会。直立の姿勢を保つのが難しい優君の手を、同級生が注意の意味を込めてギュッと握ってくれた。

次第に学校生活に溶け込んだ優君。美保さんは感謝を込める。「とてもありがたいことです」

将来の光 ともに探す

絶えぬ両親の不安、葛藤

小4・奥木優君（下）

一段と冷え込みが厳しくなった２０１０年12月下旬、那須町の池田小。自閉症の一種アスペルガー症候群と診断されている奥木優君（10）が国語の授業を受けていた4年生の教室を訪ねた。全児童は69人。各学年1クラスの小規模校だ。優君の同級生も入学時から2人増え12人になった。児童一人一人の「後期の目標」が掲げられた教室内の掲示板。優君は「おくぎ　ゆう　ねぼうをしない」とつづった。

冬でも、夏でも、早く床に就いた日でも、優君は早起きが大の苦手だ。「目が覚めても、体の動かし方が分からない感じ」と優君。看護師の母親美保さん（46）は、アスペルガー症候群の作

優君を中心に自宅でだんらんする父政彦さん、母美保さん＝那須町

家の言葉を例に「洗濯機に例えれば、健常者の起床の動きは全自動。起きるのに困難を感じるアスペルガーの人の起床は一つ一つの操作が必要な手動」と解説する。

約束の起床時間は6時半。でも、優君は「あとちょっとおまけ」と布団からなかなか抜け出せない。朝の支度はどの家庭も忙しい。どんなに優君の寝起きが悪くても、美保さんは大急ぎで家族の朝食などを準備し、仕事に出掛ける。

09年10月30日早朝。美保さんが自宅2階の寝室で目を覚ました。隣で寝ているはずの優君の姿が見えない。階段を駆け下りた。得意げな表情の優君がいた。「朝ご飯も食べたし、歯磨きもした。全部、自分でやったよ」

美保さんがインターネットの会員制交流サイト「ｍｉｘｉ」に書き込む日記。この日のタイトルは「奇跡！」だ。しかしその後半は、葛藤する美保さんの胸中がそのまま言葉になって現れていた。

「手放しでほめながら必死に自制していました。『あしたもがんばろうね』と言ってはいけないと。たとえ言葉に出さなくても私のこんな思いはきっとばれている。（優君への）プレッシャーになってしまう」

優君が一人で身支度できた理由は、今も分からない。次の日に同じようにできないことは、頭の中では理解している。

美保さんは日記の最後をこう締めくくった。

「これがアスペルガーの子を持つ母の苦しさなのだ」


「優の頭の中はどんな風になっているのだろう。見てみたい。本当に面白いやつですよ」

会社員の父親政彦さん（44）が一言一言に愛情を込めた。視線の先でリビングの優君が「ポケモン」の本に熱中している。

「先生との関係が緊密な小学校のうちはいいが、中学校に入るとどうなるのだろう」「進学は？」「就職は？」…。優君の将来に、両親はいつも不安を抱える。

アスペルガー症候群の人の中には、障害の特性から特に理系の分野で偉業を成し遂げた成功者も少なくない。美保さんは「異才を発揮できるのはごく一握り」と理解しながらも、そんな可能性に息子の将来を重ねてしまう。

「優の才能はまだ見えません」。両親は、優君と焦らずに歩いていこうと心に決めている。

「本業はプログラマー」　大人顔負けの能力発揮

中２・福森匠大君（上）

自宅のパソコンに向かう福森匠大君。ネット上でＩＴ関連の講師を務めた経験もある＝宇都宮市

パソコン関連の大会で獲得した数々のトロフィーや賞状がリビングに並ぶ。

「たいしたものじゃないんで…」。２０１１年1月12日午後、宇都宮市内の閑静な住宅街。公立中2年福森《ふくもり》匠《しょう》大《た》君（13）は照れ笑いを浮かべながら、愛用の白いノート型パソコンのキーをたたき続ける。

たちまち画面に並ぶアルファベットや数字、記号の行列。3歳のころ、父親のパソコンに興味を持った。小学3年になると、ほぼ独学でソフトのプログラミングを始めた。

昨年夏。匠大君が開発したｉＰｈｏｎｅ（アイフォーン）用ツイッターソフトがアップル社のダウンロードサービスに出品されると、瞬く間に利用者から「起動が速いので、思い立ったらすぐ投稿できて便利」と高い評価を受けた。

京都府の高校生と立ち上げたインターネット上のＩＴ関連勉強会「Ｏｎｌｉｎｅ．ｓｇ」では講師を務め、その活躍ぶりが注目され「気鋭の中学生」としてネット上で特集が組まれた。

ＩＴ分野で大人顔負けの能力を発揮する匠大君。小学5年の時、市教育センターで「高機能自閉症」と判定された。10年秋からは、中学校に通っていない。

大好きなパソコンについて尋ねた。匠大君はさらりと言う。「プログラミングが本業みたいなもの」

7歳までの約5年間、匠大君は大手自動車メーカーに勤務する父親雅之《まさゆき》さん（44）、母親佳代子《かよこ》さん（40）と米国で暮らした。

04年夏に米国から帰国し、宇都宮市の公立小に2年生として転入した。並んで話を聞かなければならない朝礼、全員そろうまで待たなければならない給食、体育や音楽—。融通がきかない集団活動が、何より苦手だった。

「アメリカ育ちの影響だろうか」。佳代子さんは通常学級ではなく、個別に指導が受けられる特別支援教室を望んだが、学習能力が高い匠大君の入級はかなえられない。

4年に進級した06年4月。新任の担任教諭に「これは持ってきてはいけません」と多色ボールペンを注意された。今までも使ってきたボールペン。なぜ？　思わず「持って来ちゃ駄目なんて校則にはないでしょうし、いつそんなこと決まったんですか」と反論した。

押し問答の末、匠大君は教室を飛び出した。我慢の限界だった。「待避所」は、これまで望んできた特別支援教室だった。


自閉症は社会性に障害があり、自分の気持ちのままに行動したり、集団や社会のルールに適応できないことが一つの特徴だ。

特別支援教室は、匠大君にとって快適そのものだった。とりわけ「本人のやりたいことをやらせ、学校に居場所をつくる」が基本方針の同校の支援教室は肌に合った。

読書に集中する日もあれば、音楽会などの学級イベントには写真撮影係として参加。特別な許可を得て図書室のパソコンに触れることができた休み時間は、至福の時だった。

担任だった黒子文子《くろこふみこ》教諭（57）は振り返る。

「福ちゃんのようなタイプは、完全受容が必要なんですよ」

自分のペースを守れた小学校生活。変化が生じたのは、中学に進学してからだった。

集団行動にストレス
「自由」を求めて不登校
中2・福森匠大君（下）

「時間通りに行ったのに、もう終わってたから」

宇都宮市の公立中2年福森匠大君（13）のあまりに早い帰宅に、母親佳代子さん（40）は驚いた。中学校の文化祭があった2010年10月22日のことだ。

英語のスピーチ発表会を見に行こうと朝自宅を出た。学生服姿になって校門をくぐるのはほぼ1カ月ぶり。匠大君は米国で5年間暮らし、英語が堪能だ。同じ帰国子女の友人が出場する発表会を楽しみにしていた。

ところが予定時刻の午前9時に会場へ足を運ぶと、担任教諭は「もう終わっちゃったんだよ」。

プログラミングコードが並ぶ匠大君のパソコン画面。多い日は16時間ほどキーボードをたたく

プログラムが早く進み、時間が変更になったらしい。無言のまま、学校を後にした。

確かに、プログラム表には「時間通りに進まないことがあります」と書いてあった。「先生から一本連絡さえもらえていたら違ったんだけど」

「高機能自閉症」と判定されている匠大君。急な予定の変更は、最も嫌いなことの一つだ。その日以来、中学校には顔を出していない。

なぜ、学校が嫌いなんだろう。

「自習できないし、カリキュラムが選択できないし、みんなが一斉の給食と掃除も嫌だし、ネットにもつなげないし」。匠大君は自宅で自分のパソコンを操作しながら、はっきりとした口調で理由を答える。ソフトウエアのプログラミングで大人と対等に渡り合い、多い日には16時間ほどパソコンに向かう。

快適だった小学校の特別支援教室。進学した公立中もそのまま特別支援学級に入った。しかし、小学校時代の「自由」はない。

まず「通学路に先生がずらりと並んで待つ朝の生徒指導が苦手」。「見学だけでもしていなさい」と教諭から言われる体育や音楽には、「どうして教室で自習してはいけないのか分からない」。

１年生の秋から学校を休みがちになり、年間欠席日数は80日を数えた。２年生に進級後は、午後1~2時ごろに帰宅する「早退」にも挑戦した。が、集団行動に適応できない匠大君のストレスは、日を追うごとにたまる一方だった。

2年生の夏休みが明けた10年9月から、不登校の児童生徒を対象にする市の適応指導教室が通学先となった。理由は「自分のペースで学習できるから」。週に数日、自宅から約8キロの距離を自転車で通学する。


学習塾に通い、数学や英語の成績は常に校内でトップクラス。しかし、高校に進学するつもりはない。高等学校卒業程度認定試験を受けて大学に進学し、将来は本物のプログラマーになる。それが匠大君の描く人生設計図だ。

でも━。

「ただのわがままとみられてしまうところが難しいんです」。佳代子さんは深いため息をつく。

父親の雅之さん(44)も「チームワークやコミュニケーション能力が求められるのが今の社会」と言う。

いつものようにパソコンの画面を見つめる匠大君。将来の「プログラミング」は、これから始まる。

高1の遠足で迷子に

興味対象に集中力発揮

高３・柳川隼人君（上）

気が散りやすく、後片付けが苦手な特徴を持つ柳川隼人君の部屋。手袋や本がいつも散乱している

「あの時は本当にびっくりしましたよ」。栃木県立佐野松陽高情報制御科の中川正登《なかがわまさと》教諭（42）が記憶をたどりながら苦笑する。担任する同科３年柳川隼人《やながわはやと》君（18）が1年生だった時のエピソードだ。

２００８年4月、１年生の遠足で東京ディズニーランドへ行った時のことだ。学校に留守部隊として残っていた教頭から、生徒を引率していた中川教諭の携帯電話に連絡が入った。「ランドの迷子センターから『おたくの生徒がいる』と電話があった」

迷子センターは、小学生以下の子供を一時保護する施設。隼人君はグループからはぐれ、自らそこを訪れたらしい。慌てて中川教諭が迎えに行くと、ニコニコしている隼人君がいた。「一つのことに集中していられない」「じっとしていることが苦手」「考えずに行動してしまう」―。隼人君はこうした注意欠陥多動性障害（ＡＤＨＤ）に加え、社会性やコミュニケーション能力に困難さがある広汎性発達障害もある。

隼人君を診断したのは、佐野市内で夫と医院を開業する小児科医の母親悦子《えつこ》さん（49）だ。おかしいと感じ始めたのは1歳半ごろ。言葉の遅れが目立ち始めた。「ショックだった。できれば障害であってほしくないと心が揺れ動いた時期もあった」。が、悦子さんは医師として冷静に隼人君に対応していく。

保育士を手厚く配置した障害児保育を3歳から受けさせ、幼児向けのことばの教室にも通わせた。書くことが苦手な学習障害（ＬＤ）の傾向もあり、自宅では線や丸のなぞり書きを何度も練習した。

生活や学習面の安定を優先させるため、小学生の時から多動性や衝動性を緩和させる薬を飲み続けている。中学時代も学校生活で大きなトラブルはなく、好きなパソコンを学ぼうと希望した同校にも無事合格した。

10年12月、佐野市内の自宅を訪ねた。隼人君が居間のドアからのっそり顔を出し、「こんにちは」とだけ言った。色白の穏やかな表情に黒縁のメガネ。のんびりした雰囲気とは裏腹に、「頭の中はいつもフル回転。興味を持ったことには集中力を発揮する」と悦子さんは説明する。

「部屋で好きなパソコンでもやっているのでしょう」。悦子さんと2階にある隼人君の部屋をのぞいた。いない。パソコンの電源は入ったままだ。居間に戻ると、祖母が「さっき自転車で出掛けちゃったよ」

「髪の毛立ってない？　口の周り何かついてない？　服のボタンは掛け違ってない？」。小学生までこうしたチェックポイントの紙を鏡に張っておいた。さすがに今はそこまでしていない。が、脳の中の機能の連携がうまくいく日もあれば、そうでない時もある。

隼人君は制服のズボンの裾を靴下の中に入れてしまうことがよくある。そんな時に、悦子さんは「ズボンの裾が入ってるよ」と隼人君に優しく伝える。

悦子さんは明るく言う。「そうして本人に気付かせてあげればいいんですよ」

自然なサポートで適応

専門学校進学 自立の道模索

高3・柳川隼人君（下）

佐野松陽高で実習授業を受ける隼人君。専門学校に進学した＝佐野市

2010年秋、佐野松陽高（現 佐野松桜高）情報制御科3年2組。2学期のある朝のことだった。「柳川は？ まだ来てないな」。始業時間が近づき、担任の中川正登教諭（42）は教室を見渡しながらチェックした。

注意欠陥多動性障害（ADHD）、広汎性発達障害と診断されている柳川隼人君（18）の姿がない。「さっき、道で追い越してきた。本かなんか見てたけど」。クラスメートは39人。一人が中川教諭に伝えた。

ADHDはいくつものことを同時に考え、思い立ったら行動せずにはいられない。隼人君は級友に追い越された時、道で自転車にまたがったまま一心に何かを読んでいた。案の定、５分ほど遅刻して教室に来た。これまでも何度かあった。

中川教諭に「読むなら学校に来てからな」といさめられ、隼人君も「あ、はい」とばつが悪そうに席に着く。そしていつも通りに、授業が始まった。担任や級友にとって、意に介することもない日常だ。

「悪いことは悪いと、きちんと指摘してほしい。ほかの子と同じ対応を」。入学直後、小児科医の母親悦子さん（49）が障害のことを学校側に伝えた。

同校は08年７月、隼人君の入学をきっかけに発達障害の勉強会を開いた。初めてのことだった。講師は悦子さん。全教職員の約半数を占める約30人が参加し情報を共有した。

入学当初、隼人君が鉛筆と消しゴムを忘れて「鉛筆がない、鉛筆がない」と声を上げパニックに陥ることが何度かあった。「そんなときのために」。３年間隼人君を担任する中川教諭が胸ポケットを見せてくれた。今ではいつも鉛筆と消しゴムが入っている。

小学校では担任から得意分野を引き出してもらう場面をつくってもらい、クラスの友達に認められ自己評価を高められた。中学校では部活動の陸上を３年間続けられた。穏やかな性格もあり、トラブルなく今まで過ごしてきた。

「その子の特性を理解した自然なサポートは障害を目立たなくさせるんです」と悦子さんは言う。

隼人君は11年春から、群馬県太田市内の専門学校へ進学し、得意分野のコンピューター関係の勉強をする。専門学校が終わる2年後、待ち構えているのが今「超氷河期」の就職だ。

「学校にいるうちは大きな問題はなく過ごせるだろう。でも社会に出るとそうはいかない」と悦子さん。

ADHDばかりでなく、隼人君にある広汎性発達障害の大きな特徴は、「社会性」や「コミュニケーション」の障害。好きなゲームの話なら何時間でもするが、そのほかは雑談でも難しい。

「隼人は企業にとって魅力的な人材とは言い難い。企業側のメリットは、法定の障害者雇用率達成につながること」

悦子さんは息子を取り巻く環境を冷静に分析しつつ、こう願う。「社会的な援助があった上でもいい。大人として自立してほしい」

現行の障害者雇用枠は身体障害、知的障害、精神障害の三つで、発達障害は含まれない。知的、身体障害のない隼人君。悦子さんは精神障害の枠を活用する道を模索している。

性格？それとも育て方？
気付かなかった19年間
短大１年・真帆さん

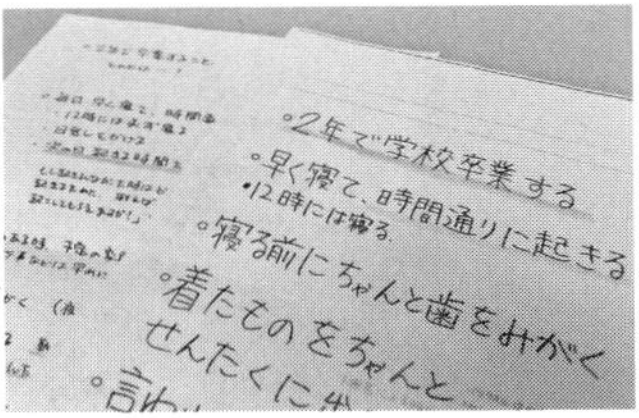

真帆さんが大きな字で「目標」を書いたリポート用紙。左のメモは、恵美子さんが生活のリズムを書きながら真帆さんに説明した際に使った

「ちょっといい？」

年が明けて間もない２０１１年１月３日、昼食後の自宅リビング。栃木県那須塩原市の団体職員恵美子《えみこ》さん（47）は、東京から帰省していた短大１年の長女真帆《まほ》さん（19）に恐る恐る切り出した。「いろいろできないことがあるよね。どうしたらいいか、考えようと思うんだけど」

真帆さんが短大に申請した前期45単位のうち、取得できたのは４単位。大半は講義の欠席に伴う失格だった。でも、真帆さんに困った様子はない。普段から感情を顔に出さず、何を考えているのか母親でさえ戸惑うことがよくある。

これまで何度か伝えようとしたが、ためらった。しかし、今年の正月には娘としっかり向き合おうと恵美子さんは決心していた。

「あなたには、発達障害があるかもしれない」

おとなしい子だった。公園の砂場ではずっと一人で遊ぶ。友達のおもちゃを奪ってけんかすることもない。周囲は「真帆ちゃんは手が掛からなくていいわね」とうらやましがった。

ただ、気になることがあった。生活習慣が身に付かないことだ。毎日のように「歯を磨きなさい」「着替えなさい」。「どうしてできないの」と叱っても、真帆さんは沈黙するばかり。小中学生の時、「友達に溶け込まない」「協調性がない」などと先生から指摘されたが、特に大きな問題はなかった。希望の県立高校にも進学した。

恵美子さんは「友達と遊びに行くことなくマイペース。少し変かなと思っていましたが、性格だから仕方ないのかと」。しかし―。

10年4月の短大入学式後。「教科書代はいくら?」。恵美子さんは仕送りをしようと真帆さんに電話したが、「分からない」。その数日後も「分からない」。講義のカリキュラムが自分で組めなかったらしい。ゴールデンウイーク明けには「起きられない」と不登校ぎみになった。

「発達障害じゃない?」。下宿先の元看護師の親類からそう言われ、恵美子さんは同年夏に県発達障害者支援センター「ふぉーゆう」に電話相談。さらに臨床心理士にも会った。分かったのは、環境への適応能力や社会のルールを守る意識が低い広汎性発達障害の可能性が高いことだった。

「正直ほっとした。育て方が悪かったせいなのかと、ずっと心に引っかかっていましたから」。恵美子さんは率直に打ち明ける。一方、新たな課題にも直面した。「これからどうすればいいのか…」

３日の「告知」。いつものように表情を変えず、真帆さんは「はあ」と相づちを打った。間もなく恵美子さんは、東京に戻った真帆さんが親類に促され「目標」を書いたＢ５のリポート用紙２枚を手にする。

「早く寝て、時間通りに起きる。12時には寝る」「伝えるべきことは事前にちゃんと伝える」「言われる前に部屋を片付ける」―。

「多少は本人に通じたようです」。恵美子さんは苦笑する。その後真帆さんは１日だけ、自分で朝７時すぎに起き、朝食を取った。

恵美子さんは１月末、東京で専門医の予約を入れる予定だ。真帆さんが社会に出る準備を始めなければいけない。「専門医の診断、そして訓練も。そのためには、障害の自覚が絶対必要なんです」

つまずき感じた就活
自助努力に社会の支援も
大卒・井端桂太郎さん

栃木県大田原市に実家がある井端桂太郎《いばたけいたろう》さん（24）は２００９年３月、東京都八王子市の帝京大法学部を卒業。その後は大学近くのスーパーでアルバイトしながら、アパートで一人暮らしを続ける。

師走の慌ただしさが増した10年12月7日、ＪＲ新宿駅新南口で桂太郎さんと待ち合わせた。地下鉄を乗り継ぎ、お気に入りの場所に連れて行ってもらった。六本木ヒルズだ。

入り口で人の波をかいくぐりながら、桂太郎さんが唐突に言った。「あの事故がありまして、このドアは今、普通のものに変わっています」。04年3月、ヒルズの自動回転扉に6歳の男児が

六本木ヒルズの展望台から眺めを楽しむ井端桂太郎さんと由子さん。桂太郎さんは幼いころから高い場所が好きだという＝東京都港区

頭を挟まれた死亡事故のことだ。

地下鉄の車内に掲示された路線図を見ながら、これから使う路線でもないのに「このルートはですね…」と話し続ける。学生生活について尋ねると、法律から話が脱線して有名弁護士に変わる。

3歳児健診の時、桂太郎さんは知的障害のない「自閉症」と診断された。取材に同行してもらった母親由子《ゆうこ》さん（49）が苦笑する。「何かが少しずれた感じなんですよね」

桂太郎さんは当時住んでいた同県真岡市の小中学時代、大半を特殊学級（現特別支援学級）で過ごした。学力に問題はなく、県内私立高の進学コースを無遅刻無欠席で卒業。性格も温厚で対人関係をめぐるトラブルはない。父は病院勤務医、由子さんも元看護師だ。

「法律が社会生活に役立つところにひかれる」と同学部を受験、現役で合格した。「井端君はアドバイスすれば学業ができる一般的な学生」と桂太郎さんの政治学ゼミを担当した女性教官。自炊した大学生活も大きな問題なく送った。

つまずきを感じたのは、就職活動だ。「面接では融通が利かなそうと見られるのでしょうね」と由子さん。自閉症の特徴の一つは、その場の雰囲気を読めないことだ。状況に合わせ声のトーンを変える、質問の意図を察して回答するといったことは苦手だ。

4年生だった08年5月から翌年初め、五つの公務員試験と民間15社を受けた。結果はすべて不合格。桂太郎さんは「あれ、こんなはずじゃ」と落ち込んだ。

就職が決まらないまま09年3月、大学を卒業。ハローワークに通い就活を続けていた同年6月、書店で行政書士の仕事を紹介する単行本が目にとまった。「行政書士も好きな法律に触れながら仕事ができる」。「超氷河期」の就職難の中、資格取得を目指している。


自らの自閉症について聞いてみた。「特に困っていることはないですね」と桂太郎さん。そんな息子に、由子さんは「自分を客観的に見ることができていない」と少し困惑した表情を浮かべる。それでも桂太郎さんの姿を見て、由子さんも行政書士の資格取得の勉強を始めた。久しぶりに帰省した正月には、2人で学習方法などを情報交換した。

「桂太郎の就職が難しかったら、死にもの狂いで行政書士になって2人で開業しようかな」。由子さんは冗談交じりに親の思いを吐露した後、こう訴えた。

「発達障害のある人も、社会と折り合いをつける努力をしなければいけない。私も桂太郎もどんな生き方をしていけばいいのか、今も探している最中です。しかし、自分たちの力だけでは難しい。社会の人にも手伝ってほしいのです」

第2部　手探りの教室

自閉症や注意欠陥多動性障害（ＡＤＨＤ）などの発達障害も対象にした「特別支援教育」。教育現場の目も発達障害に向きつつあり、手厚い指導をめぐる保護者の期待も高まる。一方、適切な対応に必要な教育現場の理解や人材、ノウハウは不足したままだ。理想と現実のはざまで苦悩し、手探りを続ける小中学校の今を追う。

「できない」どこまで受容

ペース見極め対応模索

通常学級の調理実習で同級生と豚しょうが焼き作りに取り組む斎藤颯樹君＝佐野市赤見中

「職人技を見せてやる」

フライ返しを手に栃木県佐野市赤見中特別支援（情緒障害）学級1年の斎藤颯樹《さいとうそうじゅ》君（13）がおどけると、同級生たちは顔をほころばせた。

2011年2月24日の1、2時間目。通常学級の調理実習に参加した。出来上がった豚のしょうが焼きを「100点」と自画自賛しながらおいしそうにほおばる。

高機能自閉症とADHDと診断されている颯樹君。学校側は「できることはみんなと一緒に」と判断し、技術家庭や数学など週の3分の1以上は通常学級で過ごす。「颯ちゃん」と温かく迎えてくれる級友たちが大好きだ。

だが、3時間目。籍を置く支援学級の「生活」の授業で様子は一変する。

授業はマンツーマン。担任の上野佐和子《うえのさわこ》教諭（43）と向き合って座る颯樹君。足を絶え間なく動かすため、上履きは脱げかけた。机に突っ伏し、右手で鉛筆をキリのように回し続けた。

障害の特性からじっとしているのが苦手だ。興味のない授業では目の前に教諭がいても熟睡してしまう。

授業中、「起きなさい」を繰り返す毎日。颯樹君にどう対応していけばいいのか。上野教諭と小竹利美《こたけとしみ》校長（59）は、答えを見いだせなかった。

2月3日。県立足利中央特別支援学校のベテラン教諭に授業を視察してもらった。颯樹君の集中が続かないことに悩む2人に、視察後の教諭がこう言った。「50分の授業のうち、10分でも集中できればいいんですよ」

目からうろこが落ちる思いだった。颯樹君のペースに合わせた指導の大切さを、小竹校長はあらためて痛感した。

それでも割り切れなさが残る。「教師には『教えたい』という思いがある。『できない』をどこまで受け入れていいのか…」

赤見中は情緒学級を設置してまだ2年。保健体育が専門の上野教諭にとって、支援学級の担任は初めての経験だ。「まだまだ分からないことだらけなんですよ」。試行錯誤は続く。

2月24日、調理実習後の「生活」の授業。上野教諭は、3月10日に迫った卒業式の進行表を指さしながら、式の流れをかんで含めるように颯樹君に教えた。

「ここでは卒業生だけが立ちます」

「この時間は黙ります。独り言も駄目だよ」――。

約2時間に及ぶ卒業式。目標は、颯樹君に落ち着いて臨ませることだ。

説明の最後に上野教諭はこう付け加えた。「どうしても我慢できなくなったら、後ろの先生のところに行ってね」。「ばっちりですか」と明るい声で念を押すと、颯樹君は机に突っ伏しながら答えた。「ばっちりです」

わずかに残った「生活」の授業時間は、颯樹君が大好きな工作に取り組める「ごほうびタイム」。授業への意欲を保たせるための工夫だ。

小竹校長は、期待と少しの不安をこう表現した。「10分が15分と、少しずつでも集中できる時間を延ばしていきたい。長時間の卒業式は、颯樹君にとって中学に入って最大の試練かもしれませんね」

合唱時間は花笠作り

代替活動で「集団参加」

「花笠を作ったのは覚えている」と小学校の卒業アルバムを前に笑顔を見せる斎藤颯樹君＝佐野市

「あの時は本当にハラハラしました」

２０１１年２月上旬、佐野市赤見中特別支援学級１年の斎藤颯樹君（13）の自宅。母親飛鳥《あすか》さん（36）は、颯樹君の小学校の卒業アルバムを開きながら振り返った。

10年３月、同市出流原小の卒業式。真新しい中学生の制服に身を包み卒業生席に並んだ颯樹君。ズボンから白いワイシャツの裾がはみ出し垂れ下がっていた。晴れの席。「私が出て行って直そうか」。保護者席の飛鳥さんは迷った。

同校の山口喜美枝《やまぐちきみえ》教頭（56）＝当時＝は、飛鳥さんの焦った様子にすぐ気付いた。目を移すと、颯樹君がワイシャツを隠そうともぞもぞしていた。「よし、もう少し待ってみよう」

高機能自閉症と注意欠陥多動性障害（ＡＤＨＤ）と診断されている颯樹君。集団行動や臨機応変な対応は苦手なことの一つだ。ところが、颯樹君は自分で服装を整えようとしていた。ワイシャツの上に着た紺色のセーターを手で下にぐいぐいと引っ張り、はみ出たシャツはちらりと見える程度にまで納まった。

「本人が何とかしようとしている時は手を出さなくていいの。よくできたじゃない」。式後、山口教頭は飛鳥さんに優しく声を掛けた。

山口教頭は情緒障害学級担任も務めたベテラン。それでも「できないことが多い颯樹さんに何をどこまで頑張らせるのか」に頭を悩ませた。「失敗」もした。

颯樹君が６年生になった春。秋に行われる市の発表会に向け、体育館で同級生と合唱練習を始めた。が、颯樹君は耳をふさぎ、舞台の緞帳《どんちょう》にくるまったり、器具庫に隠れたり。自閉症児者は音に過敏に反応することがある。

「頑張って」とエールを送る同級生たち。でも、颯樹君は携帯電話の防犯機能を作動させてしまう。家族が学校に駆け付けた。

「やっぱり無理だったか…」。山口教頭はこの出来事を機に軌道修正した。合唱練習を免除する代わりに、颯樹君と約束を交わした。「みんな学校のために練習を頑張っている。颯樹さんだけ自由時間というわけにはいかない。学校のためになることをしましょう」

同級生の練習中、２人は奉仕作業をすることにした。全児童約80人分の古くなった八木節用の花笠を数カ月かけて新調し、夏休み中の練習時間には学校農園で畑作業にいそしんだ。

「友だちと人間関係もつくれるし、ルールも学べる」。颯樹君が5年生の時、山口教頭は付き添いなしの登校班通学を提案した。「自立が必要」と飛鳥さんらを説得した。

「班から飛び出してしまうかも」。最初は心配した教諭らが通学路で見守ったが、半年後には子供たちだけで通えるようになった。10年春からは1人で赤見中に徒歩で通学している。

飛鳥さんは、理解ある教諭や同級生に恵まれた6年間だったと痛感する。「『できないからやらない』ではなく、『やれることはやる』ということを教えてもらいました」

山口教頭は、いずれ大人になる颯樹君は社会と折り合う必要があると考えている。「みんなと同じ事はできなくても広い意味で集団の枠に入らないと。そのために支援したつもりです」

支援策 保護者と共有
避難場所は「楓君ハウス」

2011年2月28日朝、栃木市皆川城東小の特別支援学級。「かえで急便、お願いしまーす」。登校した1年の鈴木楓君《すずきかえで》(7)が元気に教室に飛び込み、担任の宮田和子《みやたかずこ》教諭(46)に緑色のファイルを差し出した。

「何だろう?」。首をかしげながら受け取った後、宮田教諭はすぐに合点がいった。ファイルの中には何も書かれていない紙が入っていただけ。スムーズに登校させようと、母親加織《かおり》さん(35)が思い立ったのだろう。楓君はこのところ、なぜか校門で立ち止まってしまい、学校に入るのに時間が掛かっていた。

学校支援員の下川久美子さん(右)と笑顔で会話する鈴木楓君＝栃木市皆川城東小

加織さんのアイデアは、楓君の大好きな「お手紙やさんごっこ」から生まれた。「これを先生に渡してね」と楓君にさりげなくファイルを手渡す。効果はてきめん。この日始まった「かえで急便」は、今も続く。

楓君は3歳まで言葉が出なかった。一人遊びに没頭していたかと思うと、突然走り出す。乳幼児健診で「様子を見ましょう」と言われ、医師の診断は受けなかった。が、加織さんは「明らかに他の子と違う」。「特別支援学級が相当」とする市の就学指導判定も、すんなり受け入れた。

「今朝、厳しく叱ってしまいました。イライラ菌爆発です」。加織さんは入学当初から、自宅での楓君の様子を先生に伝えようとユーモアを交え連絡帳につづっている。楓君が厳しく叱られた日、宮田教諭は「きょうは荒れるかもしれないな」と心の準備をする。

ロボットの絵がプリントされた布で覆われた机が、教室に置かれている。通称「楓君ハウス」。楓君は落ち着かなくなると、机の下に潜り込む。宮田教諭が5分ほどで「もういいかなー」と声を掛けると、けろりとして出てくる。加織さんから「楓は狭いところに入ると落ち着く」と聞いた宮田教諭のお手製だ。

楓君は、市が派遣する学校支援員下川《しもかわ》久美子《くみこ》さん（37）の支援も受け、ほぼ順調に学校生活を送る。しかし、課題もある。音楽や体育を通常学級で過ごす交流授業。時折表情がこわばり、袖や襟をかみ始める。10分で支援学級に戻ってしまうことも。

加織さんが理由を尋ねても、楓君は「怖いの」とぽつり。宮田教諭は「できることをやらせることが今は必要」と温かく見守る。

11年2月18日、自治医大付属病院で広汎性発達障害と注意欠陥多動性障害（ADHD）と診断された。10年12月の休日、楓君は公園で転び左足の指を骨折した。加織さんは作業療法などで障害特性を改善していく療育に向け受診に踏み切った。

「予想通りでした」。加織さんが診断結果をさっぱりした表情で報告すると、宮田教諭も「そう、やっぱり」と応じた。

加織さんと宮田教諭が二人三脚で進めてきた学校での対応は診断後も何も変わらない。宮田教諭は「楓君の特性そのものを見ながら対応してきましたから」。石崎安子《いしざきやすこ》校長(56)は強調する。「家庭が受け入れていればこそ、学校もより積極的に取り組めるんです」

就学指導で掛け違い

母親の葛藤　見通せず

那須町の就学指導などに当たる小斎哲也指導主事。町教育相談室で子供たちの支援にも携わっている

寒さが増す２０１０年12月、栃木県那須町の公民館。講師として講演会を終えた同町教委の小《こ》斎哲也《さいてつや》指導主事（52）に、一人の母親（38）が神妙な表情で歩み寄ってきた。「あの時は本当に申し訳ありませんでした」

特別支援教育を担当する小斎主事は「こちらこそ気遣いが足りなかった。これから一緒に頑張っていきましょう」。自然と笑みがこぼれ、握手を交わした。

あの時―。08年11月。２人はボタンを掛け違えた。翌春に小学校入学を控えた母親の長男（８）が、通常学級と特別支援学級のどちらで学ぶかを決める町の就学指導をめぐってだった。

「アスペルガー症候群？一体、何を言っているのですか」。仕事を終え帰宅した母親は受話器に向かい、叫ぶように抗議を続けた。小斎主事は電話で、就学指導委員会の事前審議への出席を求めていた。

電話をかける数日前の新入学児全員を対象にした言葉の検査。小斎主事は、父親（36）から「長男はアスペルガー症候群と診断されている」と打ち明けられた。「両親とも長男の障害を認識している」と思っていたが、母親は受け入れられず葛藤していた。その反応に戸惑い、悔やんだ。

長男が保育園の年中児だった07年秋。「集団行動になじめず困っている」。園から突然、母親は告げられた。みんなとのダンスを嫌い、抜け出してしまう。園長先生の話でもじっとしていられなかった。

「わが子に発達障害があるかもしれない」。母親は初めて意識した。が、「少しわがままなだけじゃないの」との思いも消せなかった。

08年1月、国際医療福祉リハビリセンターで診断を受けた。小学校入学まで1年余り。「学校生活に溶け込んでいけるのだろうか」。母親の中で不安が募る。

葛藤は続き、苦悩も深まった。子育てをめぐり、父親とぶつかることもあった。つらい思いを分かち合える相談相手はなく、自身が軽いうつと診断された。

小斎主事の電話は、まさにその時期だった。

現在小学2年になった長男は、通常学級に在籍する。級友に乱暴な言葉を使ってしまったり、忘れ物が多かったり。「課題もあるが、成長が見て取れる」と母親。苦手だった行動の切り替えも、少しずつできるようになった。

通常学級担任の支援や通級指導教室の活用。同じ障害の子を持つ母親との交流を通じ、自身も次第に落ち着きを取り戻した。「長男のためにできることは何でもやりたい」と前向きだ。

2年ぶりの「和解」に胸をなで下ろした小斎主事。しかし、「ボタンを掛け違わなければ、もっとスムーズに支援できたかもしれない」と悔やむ。

「支援がかみ合わないことがある。いったん狂った歯車を戻すのは難しい」。臨床心理士でもある小斎主事は、多くの障害児や家族と接した経験から悩みに寄り添い続けようと思っている。

「どんなことがあっても、関係が途切れないようにしたい」

「できた」を大事に

自尊心高め「温室」の外へ

手製の分度器を使い指導する冨永由紀子教諭＝日光市今市第三小

2011年3月1日の放課後、日光市今市第三小の通級指導教室。4年生の男児2人が分度器で角度を測る算数の宿題に取りかかった。

「これ使ったら」。冨永由紀子《とみながゆきこ》教諭（45）は、「0」の線を赤く塗った手製の分度器を手渡した。どう測ればいいのか頭を悩ませていた2人。「できた」。明るい声を上げた。

通常学級に在籍する子供が週1～8時間、「苦手なこと」を学ぶ通級指導。「読み」「書き」「対話」の困難さに合わせ、個別の教材や方法で教える。特別支援教育導入で対象が広がり、知的遅れのない発達障害児の受け皿となっている。

10年11月、冨永教諭は苦い経験をした。

「できない」。教室で漢字練習をしていた3年生の男児が突然、泣きだした。学習障害（LD）があり、読み書きが不得意だ。この時間、1～3年の4人を受け持った冨永教諭。時間が足りず男児の教材準備が間に合わなかった。「ごめんね」。その場でレベルに合わせた課題を手書きした。

受け持ちは増え続け、今は35人。多くは発達障害の診断を受けたり、その疑いのある子供たちだ。空き時間はほぼゼロ。特別支援教育士や臨床発達心理士の資格を持つ冨永教諭でさえ、パンクすることがある。

「さっきも友達の三角巾を隠してしまいました」

11年2月下旬の午後、宇都宮市晃宝小の通級の教室。4年生の男児から打ち明けられた山崎光《やまざきみつ》男《お》教諭（54）は、叱らず優しく問い掛けた。「三角巾を隠したら君はどうなる？」

淡々と男児が答える。「僕が担任の先生に怒られて、嫌な気持ちになって、またちょっかいを出しちゃう。そしてその繰り返し」

男児は注意欠陥多動性障害（ADHD）と診断されている。在籍する通常学級で動き回る。級友に手を出してしまうことも多い。

「トラブルを起こしても叱るのではなく、まずは正直に話せたことをほめる」と山崎教諭。男児は週1時間、通級の教室で過ごすと問題行動が収まる。ほめられる機会が少ない男児が「受け入れてもらえる」という実感を持つ。それが指導の始まり。ゲーム感覚を取り入れ、苦手な「視覚認知」や周囲に支援を求める訓練にも取り組む。

1週間後、再び訪れた男児の表情は明るかった。山崎教諭は授業ごとに5段階で自己評価させる。男児はこの日、「トラブル」の項目を前週の「2」から「4」に上げた。

「自尊感情を高める場」。冨永教諭が描く通級の理想形。ストレスのない環境で「苦手」と向き合う通級は、子供にとって「温室」のような存在だ。

でも、いつかは温室を出る。「気付きの時期、本人の学ぶスピード、教える側の問題もある。力を確実に身につけられるかは何とも…」と冨永教諭。

家庭や社会の状況も絡み合い、「通級後」の子供が順調に成長するとは限らない―。県内で初めて通級教室の担任となり、こうした子供に15年間携わる山崎教諭も身にしみている。

それでも日々接する子供の成長に意を強くしながら、こう信じ続ける。「自尊心を高める通級指導は、子供が生きていく上で必ずプラスになる」

一日の大半 通級指導

「自分のクラス」より長く

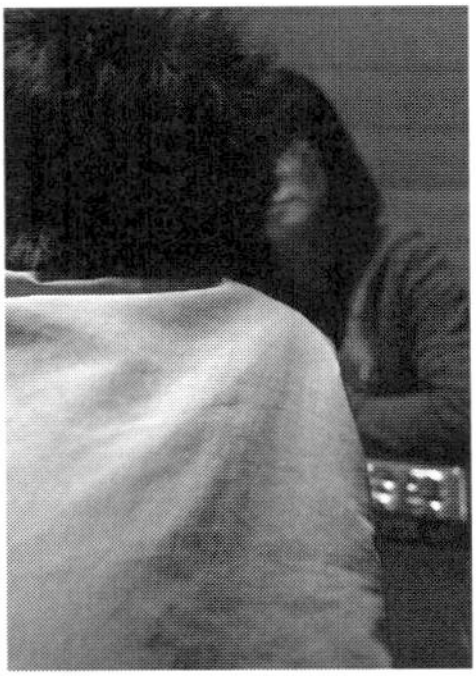

中学に入学する小学6年男児（手前）と笑顔で話す母親の栗原麻記さん＝那須塩原市

2011年2月13日の日曜日。栃木県那須塩原市の小学6年男児（12）は、母親栗原麻記《くりはらまき》さん（39）と市内の洋品店を訪れた。

4月に入学する中学校の制服を新調するためだ。メジャーを体に当てられ目を輝かせる。「楽しみだね」。わが子の制服姿を思い、麻記さんはほほ笑みかけた。

男児は、注意欠陥多動性障害（ADHD）と診断されている。「授業中、答えが分かるとみんなが考えている最中でも言っちゃうんだよ」。好きなことに集中し過ぎるため、いつも携帯電話やゲーム機に気を取られてしまう。

小学校では通常学級に在籍する。が、「苦手なこと」を個別的に学ぶ通級指導教室が主な「居場所」だ。

その通級の教室が進学先の中学校にはない。「なじんでいけるだろうか」。親子の不安は募るばかりだ。


2月下旬、男児が在籍する通常学級。この日の5、6時間目は2時間連続で、一つのテーマを調べて発表する「総合学習」だった。5時間目、男児は通級の教室でドリルをこなした。6時間目に合流し、結果を発表する場に参加した。本人は「本当は2時間とも出たかった」と思っていた。

「2時間続けるのはきついだろうな」。通常学級担任の女性教諭(35)は、こう判断した。調べ学習は、普段よりクラス全体がざわつく。通級の教室にいることが多い男児は、それまでの学習の流れをつかみ切れていなかった。「トラブルが起きそうな予感がする」

「自分のクラスに戻るのは1日1時間くらい」と男児。通級を使う他の子と比べ、通級の教室にいる時間は突出して多い。「しゃべっちゃうからかも」

学校の提案で通級を始めたのは、5年生になった2年前の春。その4月、クラス替えがあった。通級担当の女性教諭(60)は「登校を渋り感情の不安定さが目立ってきた」と振り返る。

麻記さんも「クラスを飛び出したり、友だちとけんかすることがよくあったようです」と打ち明ける。

通級の教室では、ドリルをしたり的当てゲームで気持ちを切り替えたりする。時には、教室の隅の狭い仕切られたスペースで、マイペースで過ごす。

「イガイガ君が現れる」――。コントロールが利きにくくなった時の男児の感情を、親子はこう言い表す。怒りは「赤いイガイガ君」。黒や緑のこともある。

ところが通級の教室に通い始めてから、この「イガイガ君」が出てくることはめっきり減った。

学校での時間の大半を通級の教室で過ごす男児。通級の指導は学校教育法上、原則週８時間が上限だ。

「長時間の通級は、学校に行けなくなってしまうことへの救済だったんでしょう」と麻記さん。

通級の女性教諭はジレンマを訴える。「法律の決まりは分かっている。でも単純に現場に当てはめることはできない」。発達障害のある子を通常学級で受け入れきれない現実がある。

鍵握るコーディネーター

現場多忙、専任職少なく

授業の合間にも特別支援教育などに関する情報を同僚らと共有する鈴木左夕教諭＝さくら市喜連川小

「あの子、今は落ち着いているの？」

２０１１年３月７日午後、栃木県さくら市喜連川小。友達とトラブルを起こした児童の様子を、授業の合間のわずかな休み時間を使って鈴木《すずき》左夕《さゆう》教諭（53）が特別支援学級支援担当の非常勤講師に尋ねた。

すると今度は、別の児童の対応について校内の「相談室」へ。スクールカウンセラーに面談相手の保護者に関する情報を伝えた。

同校特別支援教育コーディネーターの鈴木教諭。寸暇を惜しみ、子供への円滑な支援のための他教員との情報共有、調整などに奔走する。保護者からの相談の窓口でもある。

鈴木教諭のような専任教諭は県内でも少ない。専任化には理由があった。10年度、５校の統廃合に伴い現喜連川小ができた。小規模校になじんできた子供は一転、５００人を超える大規模校で学校生活を送る。手厚い支援が必要だった。

特別支援学級の担任と兼務していた時期もあった。「他に気になる子がいても担任する子が優先でした。休み時間も教室を離れられず、ほとんど同僚への助言もできなかった」

「学校全体が共通認識を持った支援」を目指す鈴木教諭。今でも３年前の苦い経験を思い出す。市内の小学校で高学年の通常学級を受け持っていた。一人の男児に片付けが苦手な注意欠陥多動性障害（ＡＤＨＤ）の特徴が見られた。授業中、机の上だけでなく床にも文房具が散乱、指示しても必要なものが取り出せない。学習に集中できなかった。周囲の児童も落ち着きを失っていた。

専用の片付けボックスを用意した。しかし別の授業を担当する教諭と意思疎通が図れず、統一した指導法ができなかった。教諭が変われば、方法も変わる。男児は混乱し、不満がたまった。指導は効果を上げられなかった。

鈴木教諭はコーディネーターの活動をさらに広げていく。

10年の夏休み明け。全教職員約40人に独自の「授業のポイント10」を提案した。「授業の始まりと終わりの時刻を守る」「授業の目的などを明確に伝える」といった内容。「見通しを立てるのが苦手」「集中が続かない」など発達障害児の特性を踏まえた通常学級の指導法だ。

3月4日朝、喜連川小1年生の通常学級。担任の金井貴美恵《かないきみえ》教諭（41）は、黒板の右下に掛けてあったカードをめくった。

A4の紙を縦長に半分に切った大きさ。「3　あさのかつどう　6」と記されている。「朝の活動」は、時計の長い針が3から6、つまり午前8時15分から同30分まで、という意味だ。「ポイント」に沿って授業の流れや狙いを視覚化し、子供たちに伝えている。鈴木教諭の提言を受けた取り組みだ。

「指示がよく理解されるようになり、活動の切り替えもスムーズ」。金井教諭は、学級全体への効果を肌で感じる。

多忙な学校現場。4月以降も、鈴木教諭の専任が続くかどうかは未定だ。鈴木教諭はこう痛感している。「専任であればこそ、できることがあるんです」

「垣根」低く学び多様に

変わる学校経営の視点

一人一人の児童に応じた教育を実践する鹿沼市みなみ小の原田浩司校長

２０１１年２月28日朝、栃木県鹿沼市みなみ小。図書室に２～６年生が集まってきた。始業までの15分、週３回の「朝の自習」。参加するのは基本の読み、書き、計算につまずきがある約30人だ。全児童２４０人の１割を超える。

「学び直しの場。授業に付いていけなかった子が、ここでは『できる』と実感し、目を輝かせて鉛筆を走らせる」。原田《はらだ》浩司《こうじ》校長（57）は説明した。08年４月の着任以来、自閉症や学習障害（LD）など発達障害のある児童を含め個に応じた指導体制作りを進めている。

09年春。「つまずきがある子が確実にいる。放っておけば学力不振などにつながってしまう」。

全児童対象のテストで「どこでつまずいたか」をチェック。朝の自習は児童の苦手な部分に特化し、発達障害の診断の有無などとは関係ない。

図書室の児童たち。近くに置かれた書類ケースからそれぞれ内容の異なるプリントを自分で取り出す。レベルごとに全学年分が数十段階に細分化され、計算では「小数×整数」「小数×小数」と並ぶ。人手が限られる中、教頭、養護教諭、栄養士を含めた学級担任以外の8人が指導に当たる。

図書室の朝の自習と同じ時間。視聴覚室でも6人が活動した。学び直しだけでは伸びが目立たない子。ＬＤの傾向がある児童のさらなる「取り出し指導」だ。

教科書を音読すると、1行飛ばしてしまうことがある高学年男児。パソコン画面に流れる星を目で追っていた。星を追うのは視覚認知向上の訓練だ。漢字の書き順の学習に、携帯ゲーム機を使う別の児童もいた。

図書室や視聴覚室で指導を受けた子供たちは、充実感を持ち、落ち着いて通常学級に戻っていく。原田校長は「担任は他の子にも手厚く指導でき、全体が良い方向に進む」と強調する。

同校の取り組みは原田校長が長年不登校への対応や教育相談に携わり、発達障害のある子の指導を研究・実践した経験がベースだ。

少人数で個別的指導をする特別支援学級の入級を保護者に勧める際は、その子の力を専門的に見立てる。「しっかりとした根拠がないと納得してもらえない」

支援学級の児童が通常学級の授業を受けたり、通常学級の児童が苦手分野を小グループで学んだり。通常学級、取り出し指導、支援学級─。「垣根」を低くして、一人一人に合わせた学びの場を用意している。

２月28日、同校の取り組みを県自閉症協会高機能部会の母親３人が見学した。知的な遅れのない自閉症児者の保護者らでつくる部会だ。

見学を終えた井端由子《いばたゆうこ》副部長（49）は目を見張った。「障害のあるなしで分けるのではなく、個の苦手さや特性に応じた指導を展開している。国の推進するインクルーシブ（包括）教育に近い形かもしれない」

同校には県外からも視察が絶えない。原田校長は訴える。「発達障害のある子への対応を進めると、全児童一人一人を大切にすることにつながる。学校経営の視点が変わる」

第3部　自立への道

その場の空気が読めず、ふさわしくないことを言ってしまうなど「社会性の障害」がある発達障害。学生生活や就職活動、社会人となった後に、コミュニケーションや人間関係の構築が大きな壁となるケースは少なくない。大人の発達障害者はどのような問題に直面し、どう乗り越えようとしているのか。社会を歩む発達障害者の現状や課題を描く。

親元離れ山陰の大学へ

自信の半面、対話に不安も

鳥取砂丘の写真を収めた携帯電話を手にする田嶋大隆さん。親元を離れ、1人で新たな生活が始まった＝島根大松江キャンパス

２０１１年５月18日正午前、島根大松江キャンパスの第１食堂。田嶋《たじま》大隆《ひろたか》さん（18）が昼食に訪れた。11年春、栃木県立足利高を卒業。同大総合理工学部地球資源環境学科に合格した。

食堂は学生たちで混み合い始めた。伏し目がちに歩く大隆さん。ほかの学生たちには視線を向けず、配膳口に並ぶ。手早くご飯と空揚げ、サラダを盆に乗せ、１人で黙々と頬張った。

小学３年の時、自閉症の一つで知能や言葉に遅れのない「アスペルガー症候群」と診断された。

「人と話すのはアウト」と大隆さん。

大学と近くのアパートを行き来する毎日。授業がない土曜も、昼食を取るため学生食堂に向かう。自室ではゲームをしたり、テレビを見て過ごす。お気に入りのゲームは「太鼓の達人」。緊張が高まると、人前でもばちで太鼓をたたくような仕草をしてしまう。大学の友達は、まだいない。

「どうしたらいいんだ」。大隆さんの大声が車内に響いた。久しぶりのパニックだった。

4月4日、松江市のアパートに入居する日の朝。大隆さんは母親祥子《しょうこ》さん（45）が運転する乗用車で同市内に入った。

家具を購入した現地の量販店から、「午前9時半にお届けします」と大隆さんの携帯電話に連絡があった。ところが、管理人から部屋の鍵を受け取る時間は午前10時。頭で分かってはいても、言われるままに「はい」と答えてしまった。

「一人暮らしをしたいって言ったのはあなたでしょ」。祥子さんが一喝した。が、大隆さんが不安になっているのを感じた。落ち着き始めたころを見計らって、「電話でこう言えばいいのよ」と優しく教えた。

「田嶋と申します。今、9時半の配達と言われましたが、鍵が開けられないので、10時半すぎにしてください」

4月17日、大隆さんは初めて鳥取砂丘を訪れた。松江市から電車とバスを乗り継ぎ、2時間半かかった。

もともと大の地理好き。小学4年までは、嫌いだった国語の授業中にずっと地図帳を見るほどだった。

地図上でイメージしていた鳥取砂丘を実際に歩いた。風紋を眺め、携帯電話で写真を撮った。秋には広島に出掛けるつもりだ。

「目標の大学に現役で合格し、自信につながったようです。ゲームばかりやっている大隆ですが」と祥子さん。母親の目には、その自信が鳥取砂丘の一人旅を後押ししたように映る。

新たに始まった大学生活。しかし、祥子さんは一人暮らしの大隆さんについて率直な思いを打ち明ける。「これからの学生生活が、何事もなく終わるとは思っていないんです」

見えにくい本人の心
大学の取り組み手探り

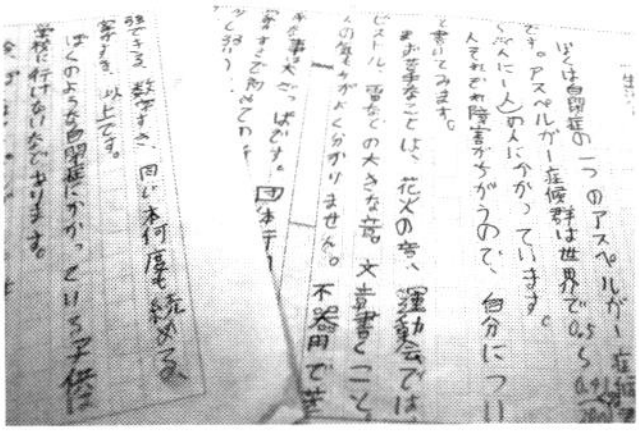
小学6年の時、田嶋大隆さんが自分の特性をつづった作文

足利市の田嶋祥子さん（45）が、島根大に進学した次男大隆さん（18）が小学6年の時に書いた作文を広げた。題は「一生治らない病」。小3の時にアスペルガー症候群と診断された大隆さん。「病」はそのことだ。

「まず苦手なことは（中略）文章書くこと」

「人の気もちがよく分かりません」

「不きそくな事はいやです…」

作文のテーマが決められず、自分の特性を文章にした大隆さん。祥子さんと一緒に考え、苦労して原稿用紙1枚半にまとめた。

小学校時代、いじめを受けた。今も「無理だ」「駄目だ」と否定的な言葉が口からつい出てしまう。

2010年初め、足利高体育館。担任の白井康隆《しらいやすたか》教諭(35)=当時=は2年生の大隆さんが所属するバドミントン部の練習を見ていた。

「練習の締めのあいさつ、田嶋ね」。部活の仲間から突然言われた大隆さんは、おどおどするばかり。白井教諭は「パニックを起こすかも」と焦った。

「おれがやるよ」。同級生の1人が申し出てくれた。1年生の終わりごろ、大隆さんから障害のことを聞いていた級友だった。

「ちょっと冷や冷やした場面でした」と振り返る白井教諭。「担任になった当初は神経をとがらせたが、だんだん意識しなくなりました」。高校生活は大きな問題もなく過ごした。

が、大隆さんには「トラウマ」もある。障害を打ち明けると、級友から「『そんなんじゃないよ』と言われた」。発達障害の存在を否定されたと感じた。「普通のヤツに言っても無駄」。大学でも教員に障害のことは伝えていない。

祥子さんは「大隆は本来話すのが好き。ものごとの感じ方、受け止め方が独特なんです」。

５月30日、島根大保健管理センター。大隆さんは、カウンセラーの臨床心理士早瀬真知子《はやせまちこ》さん（60）と向き合った。

入学前の健康診断でカウンセリングを勧められた。面談は毎週月曜。早瀬さんには発達障害のことを話していた。

早瀬さんは、１人で過ごすことが多い大隆さんの孤立を気にする。だが本人が「困っている」とは口にしない。「信頼関係を築いているところです」

大学で直面する最大の課題は就職だ。発達障害のある学生は、実際に就活に入ってつまずくことが多い。興味のあることは熱心に語ったり、突き詰めたりすることができる大隆さん。将来の就職について尋ねると、「環境分野の研究職に、と考えていた。今は正直漠然としている」。

同センターは６月、発達障害の学生同士のグループ活動をスタートさせる。１年生から対話になじむ場をつくる初の取り組みだ。「何が得意で、何ができるかを一緒に考えることから始めます」と早瀬さん。大学の支援は、まだ手探りだ。

特技で自信 就労に意欲

課題は気持ちの伝え方

フライングディスクの練習に励む藤田啓さん＝日光市、就労支援事業所「すかい」

足尾の山々に囲まれた日光市の民間就労支援事業所「すかい」。障害者が作業を通じ就労スキルを学ぶ。

2011年4月5日、同市の藤《ふじ》田《た》啓《ひろし》さん（21）がスタッフ室を訪れた。「失礼します」。声は低く口調はぼくとつだ。「自ら働き収入を得たい」と通所を始め2日目。手書きの「要望書」を監物《けんもつ》勝《かつ》彦《ひこ》所長（49）に手渡した。

5月までに7通送った。「農作業は手が汚れ暑いので苦手。個性へのご配慮をお願いします」「私は時々何度も同じ話をする時がありますが聞き流してください」「口頭で自分の要望を言うのが苦手です」

啓さんは自分のツイッターで告白する。「アスペルガー症候群なので、場の空気が読めず失礼な発言をしてしまうかも知れません」

監物さんは要望書を「表現できずにストレスをためるより、彼の気持ちが分かっていい」とその都度対応する。「でも就職したら、同じやり方は通じません」

診断は中学3年時。「この特徴はぼくにも当てはまる」。新聞で同症候群の特集記事を目にした。母親令子《れいこ》さん（47）に「病院に連れて行って」と頼んだ。

通常学級に在籍した小中学校。いじめられた。手先が不器用で機敏な動きが苦手。ちょっかいを出されると、むきになり立ち向かう。青あざは絶えない。中学1年の秋からほとんど学校に行けなかった。

「当時の啓に自尊心は薄かったと思います」。苦しむわが子に胸を痛めていた令子さん。「高校時代、大きく変わったんです」

5月18日、「すかい」のグラウンド。フライングディスク（ＦＤ）が宙を滑るように飛んだ。啓さんが腕を回し「きょうは調子がいいかも」。作業の合間をぬってＦＤを投げ続ける。

県立今市特別支援学校高等部に進学した5年前、ＦＤを始めた。「先生に半ば無理やりにやらされて」。が、取り組んでみると飛距離は学校で1番だった。高校1年の記録は約25メートル。10年秋の県障害者スポーツ大会では約54メートル、参加約７００人中トップクラス。大会記録まで約2メートルに迫った。

「ＦＤは、自分はできると思わせてくれる」と啓さん。2年時、生徒会書記を務めた。会長選に立候補し僅差で落選したが、全児童生徒約１００人を前に演説もこなした。卒業後、市外の自立訓練施設に2年通い、11年春から「すかい」に通う。

作業日は週5日。1日5時間、ボルトの袋詰めや花の栽培に取り組む。自宅からバスや令子さんの送迎で通所し、ほとんど休んだことはない。5月下旬、初めて働いて得た「給料」を手にした。作業の工賃だ。

得意のＦＤでつかんだ自信。「それが前向きに就労を目指す気持ちにつながっている」と令子さん。5月下旬、啓さんに就労の話が舞い込んだ。

夢実現へ職場実習

不安残る「想定外」

イオン今市店で就労実習に励む藤田啓さん。手応えは十分だ＝日光市

アスペルガー症候群と診断される日光市の藤田啓さん（21）は、2011年6月1日から1週間にわたり同市のイオン今市店で就労実習に取り組んだ。「卒業生の紹介を」と同店から依頼された出身校の今市特別支援学校が、啓さんに打診したのがきっかけだった。

自宅からバスと電車を乗り継ぐ片道約1時間の「通勤」。実習2日目、スタッフ用のエプロン姿の啓さん。買い物客が使った後のカートやかごを決められた場所に戻し、次の客が使いやすいように整える。いくつもある置き場に目配せし、カートやかごが少なくなっていれば補充する。

実習中、こんなことがあった。売り場でかごを運んでいた啓さんは、1人の男性客に呼び止められた。「納豆を箱でほしいんだが」

同症候群の人は、場の空気を読めず失礼な発言をしてしまうことがある。突然話しかけられるなどは「想定外」で苦手だ。

「箱買い」を求められた啓さん。どう応じればいいのか分からない。一瞬戸惑ったが、偶然近くにいた熊倉俊《くまくらたかし》副店長（61）に客の要望を伝え、副店長が応対した。

熊倉副店長は「ふいのお客さまへの対応は少し心配」と打ち明けつつ、「分からない対応を他の従業員につなげられれば大丈夫」と話す。

「アーメン」

5月29日、今市キリスト教会。啓さんは日曜礼拝の出席者三十数人の中にいた。時折落ち着きなく膝や肩を揺らしながらも、祈りや賛美歌をささげ、牧師の説教に耳を傾けた。

聖書との出会いは05年。通っていた同市の英会話教室で手にした。「求めなさい。そうすれば与えられる」。この一説に目が止まり「前向きな教えだな」と感銘。07年夏、洗礼を受けた。読み込んだ聖書は、もうボロボロだ。

夢がある。自ら働いて学費をため神学校に行く。そして牧師になる。思い描く未来への第一歩が就労だ。

イオン今市店の実習の手応えを、啓さんに聞いた。「何とかやれそうです」。熊倉副店長も「本人の意欲さえあれば実習後に採用したい」と前向きだ。

実習に積極的に取り組んだ啓さん。母親の令子さん（47）は少し胸をなで下ろしながらも、心配は尽きない。

もしお客さんに非があっても、接客だから「申し訳ありません」と言わなければいけない―。「啓に言い含めれば、指示に忠実だから最初はできるでしょう。でも、そのことと彼の正論のギャップでストレスが大きくなっていったら…」

令子さんは「失敗してもいい。まずは働くことのありがたさ、厳しさを実感してくれたら」と願う。

啓さんが通所している日光市の就労支援事業所「すかい」の監物勝彦所長（49）は、啓さんが社会になじめるよう「変化」することに期待を寄せる。「時間はかかるかもしれない。が、彼の夢が実現する日を信じている」

「普通に見える」が重圧

こだわりで心のバランス

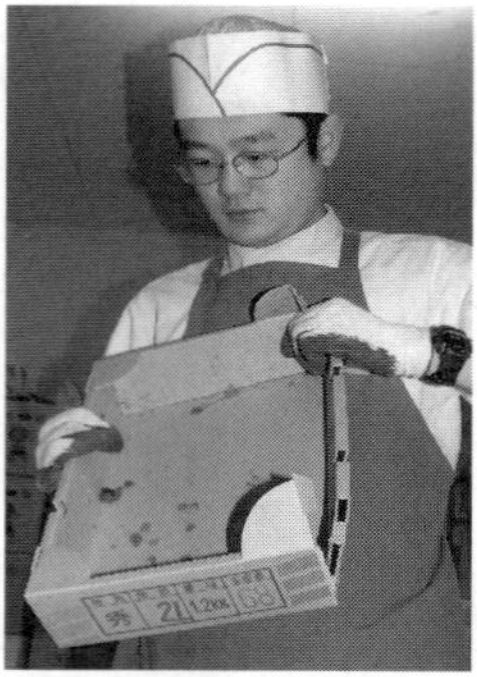

段ボール箱を処理する荻野智也さん。青果物コーナーが担当だ＝宇都宮市、福田屋ショッピングプラザ宇都宮店

2011年6月6日午後、宇都宮市今泉町の福田屋ショッピングプラザ宇都宮店の店舗裏スペース。同店の社員荻野智也《おぎのともや》さん（24）はてきぱきと青果類の空き箱をつぶし、台車に積み上げていた。「パターン化しているので、そう難しくはないんですよ」。笑顔がのぞく。

だが、どうしても苦手なことがある。買い物客用の段ボール箱を店内のレジ近くに置く作業だ。「お客さまに何か聞かれたら」「途中でお客さまとぶつかってしまったら」と考えてしまう。代わりに作業する上司を見ると申し訳なく思う。

「周りの人にはなかなか障害があると分かってもらえない。『普通』に見えるようですが、普通のことができないんです」。小学6年のとき、広汎性発達障害と診断された。

「小学校までは学力的にも問題ないし、中学もなんとか大丈夫。でも、その先は難しいかもしれない」。

診断した医師からこう告げられた母親充代《みちよ》さんは、中学卒業後に同市内の県立富屋養護学校（現特別支援学校）高等部を選んだ。生徒会長も務めた智也さん。充代さんは「高等部では自信が持てた。でも社会に出ると、できないことが増える。そのギャップが智也には大きい」と話す。

卒業後、同社に障害者枠で就職。精肉部門に配属され、ハンバーグ作りを任された。1年後、機械で肉をスライスする仕事を勧められた。充代さんは「スキルアップを、という配慮だったのでしょう」と推測するが、環境の変化は智也さんのプレッシャーとなり、半年後にはとうとう1カ月間休職してしまった。

復職し、現在の青果部門に異動してからも早退や休職を繰り返した智也さん。上司の手塚青志郎《てづかせいしろう》係長（39）は、その都度じっくり話を聞き、励ましてきた。「言い分を聞くばかりではなく、時には厳しく接する。とにかく、こまめに声を掛けています」

最近の様子を「仕事に慣れ、責任感も出てきた」と田邊裕幸《たなべひろゆき》副店長（50）。課題は「これから幅を広げるにはどうしたらいいか」だ。

背広にリュックを背負い、宇都宮市内の自宅から同店まで約30分かけて歩き通勤する。わざと左肩をぶつける民家の塀がある。上着の肩がすり切れ、2着使えなくした。立ち止まって数回、足踏みする場所もある。「不審者として通報されるかも」。そう自覚しつつ、やめられない。

「こだわり」は特性の一つ。社会人になってそれが強くなった気がする。「ストレスに対する自己防衛かな」と智也さん。職場で処理する段ボール箱の並べ方などにも自分なりの決まりがある。崩されると、気持ちは不安定に。「周囲に理解されないことは頭で分かっている」。ジレンマは時に自己嫌悪へ変わる。

充代さんは「将来を考えると、出口のないトンネルにいるよう」と率直に打ち明ける。「でも、多くの方々のおかげで今まで来られました。これからもなんとかやっていければと願っています」

仕事続かず酒と賭け事

虐げられ続け依存症

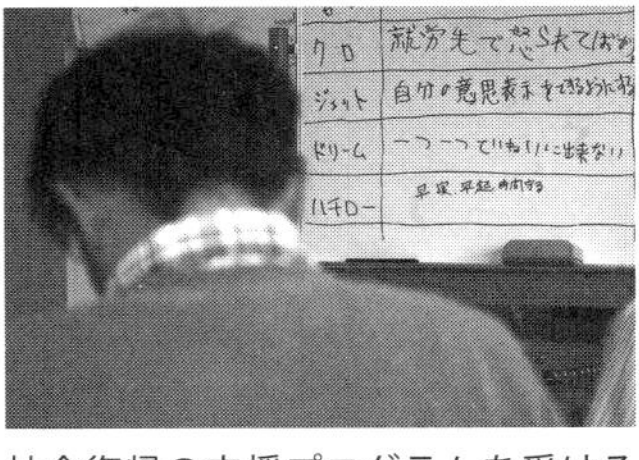

社会復帰の支援プログラムを受ける「ジェット」。ホワイトボードには本人の書き込みがある＝宇都宮市、栃木ダルク

薬物などの依存症になった人の回復や社会復帰を支援する宇都宮市のNPO法人「栃木ダルク」。

２０１１年6月7日午後、「今の自分の問題」を一人一人がホワイトボードに書き出し討議するプログラムが開かれた。「自尊感情」を高める狙いだ。ダルクに入寮する男性8人が参加した。

「はい、次はジェット」。ダルク施設部長で援助者の栃原《とちはら》晋《しん》太郎《たろう》さん（37）が、うつむき加減の男性（37）を指名した。「ジェット」は男性がダルクで使うニックネームだ。ボードに記入した言葉は「意思表示をできるようにする」。県北出身。アルコールとギャンブルの依存症に苦しみ、

2009年1月にダルクへ来た。

「自己洞察をしたいというか…」。男性がゆっくりと話し始めた。栃原さんが「客観的に分かる目標を決めようよ」と促すと、「自信をつけることが必要なんですよ、ね。じゃ、毎日服装を変える」しっくりしない2人の会話。11年2月、男性は広汎性発達障害と診断された。コミュニケーションは苦手。「発達障害が根っこにあって、依存症になりやすかったのだろう」。栃原さんは発達障害者の2次障害の可能性を指摘した。

男性の父親（66）は「息子の診断を聞いて初めて発達障害のことを知った」と打ち明ける。幼いころから玄関の扉をきちんと閉められなかった。注意しても、いつも扉は半開き。「失敗しても反省できない性格」と思っていた。小さな出来事でも、繰り返される「不真面目な態度」。父親は怒りを爆発させ、拳がはれ上がるほど息子を殴ったこともあった。

男性は地元の県立高を卒業後、栃木県内に拠点を持つ大手企業に就職。遅刻を繰り返した。仕事のやり方を人に聞けず、ミスを謝れなかった。いじめられた。約10年勤めた会社を辞めざるを得なかった。ほめられた記憶は、一度もない。

その後も対人関係でつまずき、仕事は長く続かない。パチンコ店に出入りし、酒におぼれる日々。消費者金融からの借金が膨らんでも、酒やギャンブルをやめられなかった。

母親（64）は声を絞り出すように言った。「障害なんて、大人になってから言われても…」

発達障害の診断を受けたのは、「精神障害者福祉手帳」を取るためだ。「アルコール依存症」もあった。ダルクは統合失調症も疑っている。

栃原さんは、男性の変化を感じている。ダルクに来たばかりのころ、面と向かって話すことさえできなかった。今ではプログラム中、笑顔をみせる。３月に手帳を取得。近く生活保護受給の手続きを始め、福祉作業所への就労も考えていくつもりだ。

ニックネームの由来を本人に尋ねた。とつとつと答える「ジェット」。「そうですね。上がっていくイメージですかね。適応能力を養うっていうか。実際、そうはなっていないところもありますが…」

46歳、かけ算に苦戦
「理解と支援」社会に訴え

２０１１年6月2日夕、宇都宮市内の学習塾。仕事帰りの同市の男性（46）は引き出しから「小5漢字」と書かれたプリントを取り出した。席に着き、黙々と鉛筆を走らせる。続いて挑戦したのは小学2年のかけ算。「9×6＝56」。この問題を含め、１２０問のうち8問を間違った。

3年前から週2日、毎回約1時間。「漢字は随分できるようになりましたが、かけ算のほうは…」。もどかしそうに頭をかいた。

落ち着いた物腰。会話もスムーズだ。しかし、読み書きや計算、文章の理解は極端に苦手。男性の目には文字や数字が「チカチカしたもの」に映る。

学習塾で「苦手」なかけ算に挑戦する男性。一問一問、じっくり考えながら数字を書き込む

41歳の時、「学習障害（LD）がある」と知った。社会に出て、もう20年以上たっていた。

同市の小中学校から私立高に進学。学生時代の記憶は、ほとんどないという。「緩い時代だったので、勉強ができなくてもなんとなく過ごせてしまったのでしょう」

試練は社会に出てから訪れた。仕事は建物や樹木のメンテナンス。上司から「これでやって」と指示書を渡されるが、意味が分からない。ぼうぜんと立ちつくすと、「さっき言っただろ」「やる気あるのか」と叱責《しっせき》が飛ぶ。

毎年のように異動があった。「仕事ができないからでしょう」と男性。「少しずつ仕事を覚えたところで、またゼロからのスタート。その繰り返しでした」

うつ病と診断され、06年秋から休職。翌年春、通院先の主治医から初めて発達障害と聞かされた。聞き慣れない言葉だったが、説明に耳を傾けるうちに目の前の霧が晴れていった。「自分のせいではなかったんだ」

障害を知り、別の問題に直面した。「職場で障害への支援をどうしたら得られるか。長年『健常者』として働いてきただけに、簡単にはいかない」。男性の相談に乗る「とちぎ若者サポートステーション」の中野謙作《なかのけんさく》さん（51）は、男性の苦悩を深刻に受け止める。

09年春。男性は「栃木障害者職業センター」で自身の特性をめぐる「評価結果」を受け取ると、職場の人事課に届けた。「文章を理解する力に大きな課題がある」などと障害の状況が記された内容だ。

同年夏には知人に代筆を頼み、自ら要望書を職場に提出した。

「複雑な作業は手順を説明しながらお手本を示していただくと助かります」

「上の人から強く言われると、体が固まってしまいます」

A４サイズの紙に「特徴を分かってほしい」との思いを込めた。ところが、職場からは何の反応もない。

「自分なりに努力しているつもりですが…。残念です」。男性は声を落とす。中野さんは「いったん社会に出ると、男性のようなケースで支援がないのが現状。社会がもっと目を向ける必要がある」と強調する。

特性認め積極雇用

「ノウハウ積み上げ重要」

職場で伝票整理に励む男性。休み時間を１人で過ごす専用の休憩室もある＝小山市、レンゴー小山工場

約30人が働く事務所の一角。ブルーの作業着を着た契約社員の男性（25）は、机の上の伝票を一心不乱に整理していた。

２０１１年6月9日午後、栃木県小山市萱橋の段ボールメーカー「レンゴー」小山工場。男性の上司に当たる業務課の内山《うちやま》聡《さと》志《し》課長代理（45）は「必要以上に話し掛けません」。会社側から「人と話すのが苦手」と知らされているためだ。

男性はアスペルガー症候群と診断されている。同僚より一足早い午前11時45分から社員食堂で食事を済ませ、職場に戻る。午後1時まで働き、その後の約1時間が昼休みだ。

1人でいることについて尋ねた。「あー、ずっと人と一緒にいるのは疲れるしー、面倒なところも…」。男性はそわそわと手足を動かしながら言った。

男性は09年3月に入社した。「パソコンの入力作業は早い」。採用時の職業適性検査結果を見た同工場の原康之《はらやすゆき》総務部長(50)は驚いた。計算や言葉の知識の検査結果も優秀だった。

障害者雇用に積極的な同社にとって、初めて採用した発達障害者。雇用を検討する中、08年11月に県発達障害者支援センター「ふぉーゆう」から男性を紹介された。

「一度に複数の人から指示されるとパニックになる」「1人の時間や場所の確保を」。入社の際、同社は男性の母親(49)からメモを受け取った。直属の上司や同僚に発達障害や男性の特性が説明された。

パソコンの技術を生かし、伝票の入力やチェック、整理を黙々とこなす。「きっちりやってくれるので、他の社員が別の仕事に力を注げる」と内山課長代理。「しかし、指示された以外の仕事を自ら考えて行う、となると難しい」

男性は小山市内の県立高を卒業後、さいたま市の専門学校に通った。「レンゴー」は3カ所目の就職先。過去2回は健常者として採用されたが仕事の内容が合わず、1カ所目は半月、2カ所目は2カ月で辞めた。

就職が思うようにいかず苦しむ男性。その姿を見かねた母親に連れられ「ふぉーゆう」を訪れた。21歳で同症候群の診断を受けた。

「健常者」だった自分が障害者として就職する―。「ショックでした」と男性。今年で入社3年目。「この仕事は合っている。正社員になりたい」と意欲をみせる。母親も「会社に感謝している。特性を生かしてもらえれば、戦力になるのでは」と期待を込める。

原部長は発達障害者をどう生かし、どう待遇するのかのノウハウを積み上げる重要性を実感する。

10年秋。仕事中に男性の独り言が目立った。原部長は様子を見ながら、自席からメールを送った。「最近独り言が多いけど、どうしたの？」。無意識の独り言に気付いてもらうためだ。

直後に独り言はやんだ。「人と話すのは苦手、パソコンは得意」。周囲に気付かれないよう、特性に配慮した工夫だった。

ネット上は人気ブロガー

学校では「できない」教員

多い日には1500件超のアクセスがあるブログ。男性教諭は発達障害の理解や啓発に向け発信を続ける

「発達障害先生」

このハンドルネームを使ったインターネット上のブログがある。開設者は、栃木県の県央にある中学校に勤務する男性教諭（43）だ。2011年春、新興住宅地の一角にある男性の自宅を訪ねた。

「発達障害の理解や啓発につなげたい」—。発信を続けて3年。多い日はアクセスが1500件を超える人気ブログだ。最近更新した内容には「早期からの療育について」「不適応を起こさないために」などのタイトルが並ぶ。ブログを通じて持ちかけられた相談に乗ることもある。

5年前に注意欠陥多動性障害（ADHD）と診断され、精神障害者手帳を取得した。1年半前にはアスペルガー症候群と診断された。20年目を迎えた教員生活。「生きにくさ」を感じながらも、診断を受けぬままそれまで過ごしてきた。

「問題のある教員とされている。（中略）アスペルガーのある教師が、誤解や偏見なく世の中に受け入れられるか…」。取材で訪れた翌日のブログ。男性は切々と苦悩をつづった。

「どんな反応をされるか。働けなくなるかもしれない。生きていけなくなるかも」。実名記事を前提に取材を受け、発達障害者の現状を伝える決意だった。が、同僚や保護者を思い浮かべて頭を抱えた。迷ったあげく、周囲への波紋を恐れ匿名で応じることにした。

ネット上では多くの人から共感を得ている「人気ブロガー」。一方、現実には「問題のある教員」を自覚している。

専門は英語。一度に複数のことをこなすのは困難だ。他の教諭と同様に、授業中に説明しながら板書したら「訳の分からないことを言ってしまった」。文字を書くことに集中し黙って板書すると、生徒が出歩いても気付かないこともあった。感覚が過敏なため、チョークの粉の感覚が苦手。手の皮膚がむけてしまうこともある。

教職に就いて以来、何度か一時休職と復帰を繰り返した。通常学級で2年生の英語を教えていた前任地の中学校では心労と熱中症が重なり、1カ月間休んだ。「何も貢献できずにすみませんでした」。離任式に臨んだ男性は、保護者や同僚への申し訳なさでいっぱいだった。

両親と祖父のほか、親類も大半が教諭という教育者の家系。もともとは、遺伝子工学分野に興味があった。しかし希望の大学に進学できなかったため方向転換、両親らが勧める教諭の道を選んだ。「でも、こんなに教師ができないなんて思わなかった」

11年4月1日朝、新任地となった県央の中学校職員室。「私はアスペルガー症候群です」。男性は着任のあいさつで全教職員にこう訴えた。初めて職場で明かす「告白」だった。

「『普通』に扱われることで、逆にできて当たり前のことができない人間と見られてきた。障害の特性を知ってもらい、得意な部分で貢献したかったんです」

「苦手」生かし教材工夫

当事者、親の思いを代弁

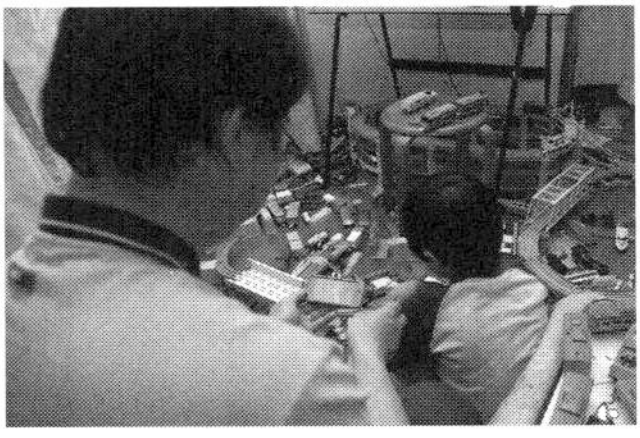
自宅居間で自閉症の三男と遊ぶ男性教諭。「当事者や親の思いを代弁していきたい」

２０１１年５月24日夜。ブログで「発達障害先生」のハンドルネームを使う県央の中学校勤務の男性教諭(43)は、自宅に届いた箱を笑顔で開けた。木製ブロックを積み上げるテーブルゲーム。授業で活用しようと自費で購入したものだ。

４月に赴任した中学で通級指導教室を担当し、英語を教える。通常学級に在籍する子供の「苦手なこと」を個別指導する通級。授業中、ゲームや創作活動を行う時間帯もある。「発達障害のある生徒にとって、社会性を獲得する大切な時間」と強調する。

「自分は発達障害がある。大勢より個別の指導が向いているので、特別支援教育に携わりたい」。

こんな異動希望をかなえてもらった。着任のあいさつでアスペルガー症候群であることを告白した男性。上司の気遣いもあり、責任の重い仕事は免除されている。

男性が自宅で手作りの冊子を取り出した。11年春、県立高に入学した長男（15）のサポートブックだ。

注意欠陥多動性障害（ＡＤＨＤ）と同症候群がある長男。サポートブックには障害の特性や効果的な対応方法を記してある。

男性は入学前、高校の担任と懇談しサポートブックを示した。県立高は11年度から、発達障害のある生徒について中学校との引き継ぎを始めている。男性は中学校から引き継がれた内容に加え、特性を細かく説明し配慮を求めた。

中学2年の次男（13）も同症候群、小学2年の三男（7）には自閉症がある。03年、次男が診断を受けたのを機に発達障害の勉強を始めた。

「アスペルガーなど『高機能』と呼ばれる知的遅れのない自閉症の悩みは複雑。知ってもらいたい」。05年には県自閉症協会の中に、同じ悩みを持つ仲間と「高機能部会」を立ち上げ副部長も務めた。

男性は帰宅すると、すぐ居間のパソコンに向かう。授業で使うプリントはすべて手作りだ。こだわりがあり、自分なりの筋道でないと生徒に説明できない。

プリントの書体にも工夫した。男性には、読字に難がある学習障害（ＬＤ）もある。一般的な書体は「明朝」。男性にとって、明朝は縦線と横線の太さの違いや横線の端の三角形の盛り上がりが読みづらい。丸みを帯びた「ゴシック」を使うようにした。「読書が嫌いな子の気持ちがよく分かる。学習のストレスを減らしたい」。自分の特性を現場で生かそうと創意工夫に努めている。

「自分は何の実績もない平教師。でも親であり、教師であり、当事者でもある。ブログや特別支援教育でそれぞれの立場の代弁者になりたい。それが、自分の使命のような気がしているんです」

発達障害への理解と受容、一人一人の個性を認め合う学校や職場、そして社会。男性はこれからも、ネット上や現場から発信を続けていこうと思っている。

関連企画　震災の中で

場の空気を読めなかったり、集団行動になじめないなどの特性がある発達障害。東日本大震災の避難所暮らしではとりわけその特性が際立った。実態がつかみづらいとされる災害時の発達障害児者たち。アスペルガー症候群などの診断があり、東京電力福島第1原発事故で那須町に避難した福島県の中学生と家族を追った。

落ち着き戻す車の10分

漂う緊張　場違い発言も

お気に入りの段ボールクラフトの車「キョウタ号」を手に笑顔を見せる立川強太君＝那須町スポーツセンター

畳敷きの武道場に福島県からの避難者約50人が暮らす。２０１１年4月24日、那須町スポーツセンター。家族のスペースは背の低い間仕切りで区切られている。

「はい、声の大きさは『1』で」。立川正恵《たちかわまさえ》さん（38）は右手の人さし指を立て、長男の中学2年強太《きょうた》君（13）に声の音量を下げるよう注意した。

はっと一瞬目を見開き、声のトーンを落とす強太君。でも、すぐに音量は「3」まで上がる。周囲の人の耳障りになりかねない。

自閉症の中でも知能や言葉に遅れのない「アスペルガー症候群」と診断されている強太君。場の雰囲気を読み、声の大きさを調節することなどは苦手だ。避難者の多くが眠る午前5時半に目を覚まし、響く声で「お母さん、今何時?」と聞いたこともあった。

正恵さんの母親トク子さん(80)と家族3人で福島県浪江町から避難した。自宅は福島第1原発から約13キロの警戒区域内だ。

原発1号機の原子炉建屋が吹き飛んだ3月12日。

強太君とトク子さんは、自宅の西約15キロにある同町の「つしま活性化センター」に親類の車で避難した。ケアマネジャーの仕事先で大地震当日の夜を過ごした正恵さんは、ようやく2人と再会した。

数百人の避難者であふれる那須町スポーツセンター。「おなかが減った。何か食べたい」。強太君が駄々をこねた。原発の恐怖、物資不足—。緊張が漂う中でも、声の音量は「3」だった。

注意欠陥多動性障害(ADHD)の診断もある強太君が、すし詰め状態の避難者らを飛び越えて動き回る。見かねたトク子さんが「じっとして」と叱っても、返事は「うるさい」。「いつもはおっとりしているのに…」。強太君が窮屈な生活で受けるストレスを正恵さんは感じた。

ADHDの症状を抑える常用薬を自宅から持ち出せなかった。「薬があれば、違ったのかもしれない」

「さあ、行こっ」。正恵さんは、強太君を同センター駐車場に止めた自分の軽乗用車に誘う。毎食後のことだった。

狭い後部座席に乗り込む。みそ汁とおにぎりだけでは足りない強太君。正恵さんは車に積んであったご飯や漬物をそっと渡した。スーパーで買い置きしておいたものだ。

正恵さんは強太君の手を強く握り、次に手のひらで額をギューと押した。お気に入りのスキンシップだ。「あっちに行くよ」とドアを開ける強太君。わずか10分。車内で落ち着きを取り戻し、避難所に帰る。

福島県内の避難所から、3月19日に那須町へたどり着いた強太君たち。避難生活は、1カ月を超えた。

関心 倒れたプラモデル

寄り添う母にも戸惑い

福島県浪江町の浪江中で卒業式があった2011年3月11日。式後、帰宅した立川強太君(13)は居間のこたつでくつろいでいた。

午後2時46分。グラグラと大きな揺れ。築約30年の木造家屋がきしみ、大型の液晶テレビが横倒しになった。棚に並べていた大好きな「ガンダム」のプラモデルも倒れた。居間の縁側から靴下のまま飛び出した。

母親正恵さん（38）、祖母トク子さん（80）と3人暮らし。正恵さんは仕事で不在だ。近所に出掛けていたトク子さんはあわてて戻った。強太君は玄関先の道ばたでひざを抱えポツンと座っていた。

翌12日、福島第1原発の原子炉建屋が吹き飛び、トク子さんや親類と避難を始めた。「地震は怖くなかった」とけろり。「ガンプラがドミノみたいに倒れた…」。原発の恐怖より、プラモデルを気にしていた。

強太君は自閉症の一種アスペルガー症候群と診断されている。

「自閉症のある人の感覚は独特。自分の関心が強いところに気を取られ、他の人にとって大きな刺激でもあまり反応しないことがある。プラモデルの方に関心が偏ったのかも」。発達障害児を数多く診るとちぎリハビリセンター小児科の清水純《しみずじゅん》医長（40）は指摘する。

日本自閉症協会の「防災ハンドブック」は「想像力が弱く災害の怖さや避難の必要性をなかなか理解できない」と記している。

強太君が診断を受けたのは同町苅野小3年の時だ。特別支援学級はなく、卒業まで通常学級で過ごした。集団行動を取れないこともあった強太君。「ぼくの脳はみんなと違うんだよ」。小学校高学年になると、強太君はこんなことを口にするようになった。

中学入学を控えた10年春。正恵さんは自宅で発達障害の絵本を読み聞かせた。「得意な部分を伸ばし生きていこう」。強太君は大きくうなずいた。浪江中では支援学級に在籍し、大地震直前もお気に入りの町立図書館で本を選んでいた。

場の空気を読むことが苦手な強太君。こんなこともあった。

原子炉建屋爆発から数日後の3月中旬。那須町スポーツセンターの前に身を寄せた福島県内の避難所。「原発どかーん」。強太君は、パソコンの動画で目にした爆発の様子を唐突に口にした。「そんなことは言わない」。正恵さんは戸惑い、注意した。

強太君に原発事故のことを尋ねた。「第2原発はまだいい。第1はだめ。なぜ爆発することを想定しなかったんだろう」。事故の影響を理解している口ぶり。

どこまで地震や原発、避難の現実を受け止めているのだろうか―。「つかみ切れない面もある」と打ち明ける正恵さん。わが子にいつも寄り添い、その心を見つめ続ける。

那須に転入、元気に登校

一家3人新たな生活へ

２０１１年4月28日、那須町黒田原中の特別支援学級。6時間目は、都道府県や県庁所在地を学ぶ社会科の調べ学習だった。

「それじゃ、少し休憩だね」。担任の笠原光雄《かさはらみつお》教諭（43）は、2年立川強太君（13）に声を掛けた。級友は7人。自分で仕上げたプリントを教壇に提出した時だ。

福島第1原発に近い福島県浪江町の自宅から3月中旬に那須町スポーツセンターへ避難し、4月に転入した強太君。アスペルガー症候群や注意欠陥多動性障害（ＡＤＨＤ）と診断されている。「授業に長く集中できないかも」。笠原教諭はそう考えていた。

プリントに取り組めた「ごほうび」の休憩はわずか数分。強太君は好きな鉄道の本を机から取り出し、ペラペラとめくる。笠原教諭から「立川君、本を閉じて」と指示され、級友と一緒の授業に戻った。

「手探り状態でした」と笠原教諭は打ち明ける。支援学級への転入を受け入れる場合、通常、元の学校から成績や個別指導計画などが引き継がれる。が、原発事故の混乱で浪江町教委は対応できずにいる。

母親の正恵さん(38)は避難所で強太君のことを便せん6枚にしたためた。この手紙を元に、笠原教諭は強太君を指導している。学習障害(LD)もある。「漢字を書くことに苦手があり、計算の時の不注意が目立つ」。強太君の特性をつかめてきた。

同28日の社会科の授業。「北海道の道庁所在地が分かる人は?」。笠原教諭が呼びかけると、強太君は右腕を上げ「はーい、札幌」と元気に答えた。おまけに「ラーメン」と付け加え少しおどけた。

3月まで浪江中の支援学級で強太君の担任だった荒川淳《あらかわじゅん》教諭(58)は「知識が豊富で授業での反応が早い。級友が発言しやすいムードもつくってくれた」と振り返る。

笠原教諭は最近の強太君の姿に「本来の姿が現れてきたかな」と感じる。

正恵さんは、母親トク子さん(80)と強太君の一家3人で那須町に定住することを決めた。ケアマネジャーの資格を持つ正恵さんは5月から職を得ることができ、町内に一軒家も借りた。「同じ時間を過ごすなら、避難生活ではなく自立したい」。古里への思いを募らせながらも、3人で話し合った末の決断だった。

約40日の避難生活を送った町スポーツセンターは4月29日に離れ、「新居」に入った。当初は転校を嫌がった強太君も、今では元気に登校する。トク子さんは「家でごろごろしても仕方がない。畑仕事でもしようかな」と笑った。

大震災発生から2カ月。すべてが一変した一家3人は、新たな一歩を踏み出した。

〈番外編〉明日を生きる

連載後の2家族を追って

2家族でバーベキューの会を楽しんだ（左から）奥木美保さん、政彦さん、優君、立川強太君、正恵さん

新緑がまぶしい。

2家族が集まったバーベキューの会。「うまーい」。那須町池田小の6年奥木優君（11）は大好きな鶏肉をほおばった。2012年5月13日。春の日差しはもう強い。別荘地の中にある優君宅。「ぼくはねぇ、豚トロが好き」。同町黒田原中の3年立川強太君（14）はおっとりした口調でそう言って、パクリ。

優君と強太君は、アスペルガー症候群と診断されている。

2人は好物が焼き上がると我先にと取ってしまう。場の空気を読むのが苦手という、発達障害の特性がのぞく。母親美保さん（47）に「みんな食べたいんだからね」といさめられ、優君は首をすくめた。

強太君は、東京電力福島第1原発事故で福島県浪江町から避難し、11年春、那須町に定住。ケアマネジャーの母親正恵さん（39）は町内で働き始めた。下野新聞で長期連載（11年1～6月）した「あなたの隣に」第1部「凸凹の世界」、関連企画「震災の中で」で取り上げた2人。美保さんも看護師でケアマネの資格を持ち、母親同士は同業だ。家族ぐるみの親交が生まれ、子供たちはゲームソフトを貸し借りする。

記事掲載から1年余り。2人とも背は10センチ以上伸びた。成長は著しい。優君の身長は、小柄な美保さんと変わらない。顔にはニキビも。強太君の背丈は正恵さんを抜き、170センチを超えた。

日々の成長を喜ぶ一方、障害ゆえの苦悩は尽きない。

優君と美保さん、父親政彦さん（46）は頭を悩ませた。12年5月上旬、「あなたの隣に」の書籍化について記者から承諾を求められた時だった。

自宅にある優君の部屋。「載せてもらいたいとは思うけど…」。級友らのさりげないサポートを受ける優君。13年春には中学生になる。「本を見ていじめられたら…嫌だな」

「発達障害の理解につながれば」。新聞報道を決断した本人、両親でさえ、不安がよみがえり、揺れる。

書籍になれば、新聞と違い後々まで残る。より多く人たちの目に触れる機会も増える。優君には知的障害はないので、今の障害者雇用制度では健常者と同じ「一般枠」で就労することになる。本になることが、これからの優君の足を引っ張ることにならないか。

政彦さんは口を開いた。「新聞記事で、むしろ勇気づけられた。障害を隠した就職は考えてない」。優君が「後から分かっちゃうよりいい」と言葉をつなぐ。

「載せてもらっていいよな」と政彦さん。優君はうなずいた。

強太君は中学3年に進級し、進路指導も始まった。「将来は農業をやりたい」。畑仕事に精を出した祖母の姿を見ていたせいか、理由は「生きる土台だから」。

そんな夢を聞くと、正恵さんは「本当に自給自足で食べていければいいけど…」と複雑な思いになる。本人は、農業系学科がある県北の県立高への進学を望む。正恵さんは、障害の特性を考え、特別支援学校や、発達障害への対応を特徴とする私立高校にも思いをめぐらせる。

もう一つ、複雑な事情がある。那須町に住み続けるのか、福島へ戻るのか—。今の住まいに愛着を持ち始める半面、望郷の念も消えない。栃木県が実施する避難者を対象としたアパートなどの借り上げ支援策は、13年まで。それによって進学先も左右される。悩みは深い。

「でもね」と正恵さんは明るい笑顔をみせる。

「息子はダイヤの原石。たくさんの人に磨かれて、輝けるように歩んでいく」

関連記事・関連特集

アンケート・資料編

発達障害児者らをルポルタージュした長期連載「あなたの隣に　発達障害と向き合う」。下野新聞発達障害取材班は連載と同時並行して、栃木県内の教育現場の実態や障害の医学的なメカニズムなどを多角的に紙面で報道した。このうち県内の幼稚園・保育園や小中高校、大学など全１２００園・校を対象にした宇都宮大教育学部との共同アンケート結果や、国内最先端の研究や治療法などを紹介した医療編特集、社会に向けた取材班の提言を収録した。

下野新聞社と宇都宮大教育部によるアンケートより

教育現場（学校）の7割「発達障害児増加」

自閉症や学習障害などの発達障害について、下野新聞社と宇都宮大教育学部は、県内すべての保育園、幼稚園、小中学校（通常学級）、高校、大学計約1200園・校を対象に本県初の実態調査をアンケート方式※で実施した。発達障害の診断を受けたり、教職員がその疑いがあると判断した児童や生徒について、回答した約7割が「増加傾向」と答えた。診断や疑いのある児童や生徒の割合が1割以上だった園・校も計104に上り、発達障害への対応が教育現場の差し迫った課題になっている現状が浮き彫りになった。

「診断や疑いのある園児・児童・生徒・学生は増加傾向か」との設問に「はい」と答えたのは保育園81・8％、幼稚園69・1％、小学校82・3％、中学校78・1％、高校29・2％、大学50・0％。総計では74・5％になった。

取材班と共同研究する同学部の梅永雄二教授（55）＝特別支援教育＝は「かつては『変わった子』などと言われるだけで見過ごされてきたケースに日が当たるようになったのだろう」と分析する。

発達障害に関連した教育や福祉をめぐり、2005年4月に発達障

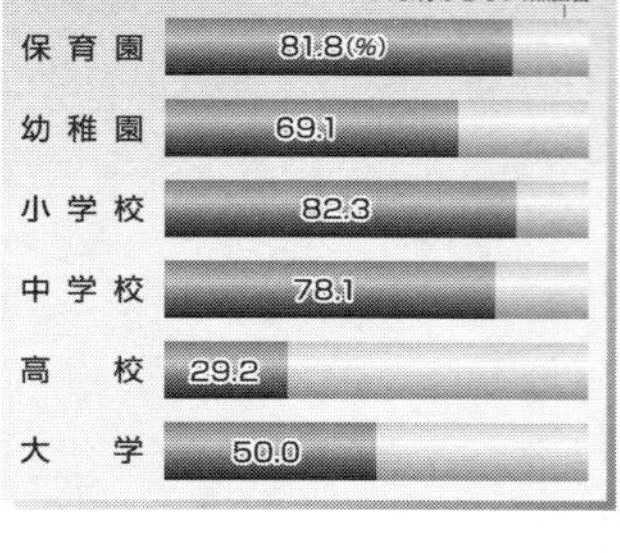
発達障害児者（診断・疑い）は増加傾向と思いますか？
いいえ、分からない、無回答

害者支援法が施行されたほか、07年度から特別支援教育が始まった。特別支援教育は、身体障害や知的障害という特殊教育の対象に発達障害も加えた。特に特別支援学級のある小中学校で発達障害の問題意識が高まりつつあるという。

診断や疑いのある園児や生徒の在籍率が1割以上と答えた計104園・校のうち、幼・保が55園（53％）、小中学校44校（42％）、高校は定時制・通信制を中心に5校（5％）。大学はゼロだった。

一方、園・学校種別の平均在籍率は保育園7・5％、幼稚園4・2％、小学校5・4％、中学校4・3％、高校1・2％、大学0・3％となった。

梅永教授は「園・学校側が研修などを通じて専門性を高め、特別支援教育というよりは、さまざまな特性を認め合う個別支援教育を進める必要がある」と提言している。

※アンケート方式…発達障害をめぐる教育現場の現状や課題を探ることを目的に、下野新聞社発達障害取材班と宇都宮大教育学部の梅永雄二教授の共同研究として実施。県内351保育園、197幼稚園、396小学校、174中学校、89高校、17大学（短大含む）の計1224校・園を対象に2010年12月、アンケート用紙を送付し、1月7日までの返信分を集計した。設問は発達障害者児の実態や対応する際の課題、行政に望む支援策など原則10問。回収率は56・2％（688園・校）。発達障害の診断や疑いのある園児や児童、生徒の在籍率は、人数を特定できない分を除いた有効回答664園・校（54・2％）から算出した。

支援阻む「見えにくさ」

発達障害をめぐり県内すべての保育園、幼稚園、小中学校、高校、大学を対象に下野新聞社と宇都宮大教育学部が実施した共同アンケートから、診断や疑いのある児童や生徒の支援を進める上で二つの大きな「意識の壁」が浮き彫りになった。一つは幼保・小中学校と義務教育後の高校・大学間の問題意識の差。もう一つは支援を目指す現場と、障害の認識がない保護者や本人ら当事者側との意識の差だ。「見えない障害」とも言われる発達障害。二つの壁をどう乗り越えていくのかが問われている。

■義務教育後が課題

アンケートによると、発達障害の診断やその疑いのある園児や生徒の平均在籍率※は、保育園7・5%、幼稚園4・2%、小学校5・4%、中学校4・3%、高校1・2%、大学0・3%。年齢が上がるにつれて在籍率も低下傾向となっている。

宇都宮大教育学部の梅永雄二教授(55)は「発達障害への意識は保育園、幼稚園、小中学校で高まりつつあるが、高校、大学ではまだま

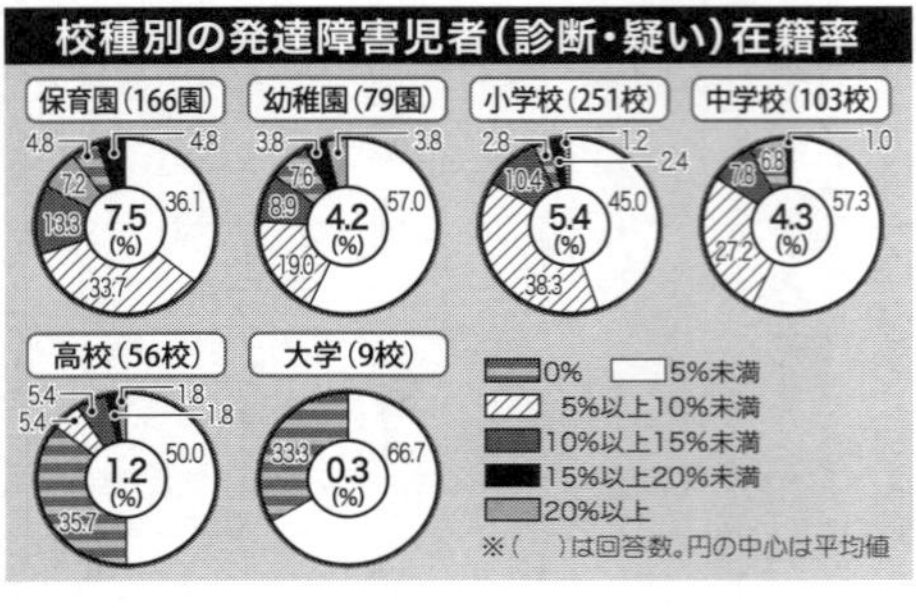

だ低い。現場の問題意識の差が現れた」と高校・大学の在籍率は実態を反映していない可能性を示唆した。

在籍率の分布を見ると、アンケートに回答した高校、大学の3分の1が「0％」としているのが目立つ。特に高校では「教職員から見て発達障害が疑われる生徒はいるか」との設問に対し、普通科校を中心に約半数が「いいえ」と回答。自由記述欄には「見極めが困難」「怠けとの区別が難しい」などの記入があり、発達障害のある生徒を「見えていない」現状がうかがえる。

県央の高校は「クラスに発達障害の生徒がいても、特別な制度がないので対応できない」と体制の不備を率直に認める。県南の高校は「三歳児健診や就学時健診の情報が幼保↓小↓中↓高と引き継がれることが望ましい」と連携不足を指摘している。

※在籍率…特別な教育的支援の在り方などを目的に文部科学省の研究会が2002年に初めて全国規模で実施した抽出調査（5地域の370校）によると、公立小中学校の通常学級で発達障害が疑われる児童生徒の在籍率は約6・3％。09年には中学生の進学状況を基に同省ワーキンググループが高校での在籍率は2・2％とする報告書を公表した。

■親認めず学校困惑

一方、支援上の課題として寄せられた回答に多かったのが、発達障害児者や保護者に「障害の認識がない」という問題だ。保育士や教諭の人員配置といった個別支援策の大前提となるだけに、対応に苦慮する現場の姿も浮かぶ。

在籍園児の約5％に発達障害の疑いがある県央の保育園は「保護者の認識、専門機関の証明がなければ職員を加配してもらうための補助金がもらえない。一対一でなければ保育が進まないため、自助努力で賄っている。なんとかしてほしい」と切実だ。

「保護者が周囲を気にするため、人員をつけることが難しい」（県北の中学校）。「保護者に（障害のことを）伝達するのは難しく、支援施設を勧めることはさらに難しい」（県南の幼稚園）などの声も上がる。

県央の中学校は「発達障害に起因すると思われるトラブルがあっても、本人や保護者が認識していない場合、周囲の生徒への指導が難しい」といった課題にも直面している。

「困った状況を知ってほしい」「学校だけの対応は限界」―。アンケートには行政や専門機関に支援を求める意見も相次いだ。

日本学生支援機構10年度調査

発達障害学生5年で8倍

栃木県内の17校を含む全国の大学・短大・高等専門学校計1220校に在籍する発達障害の学生は2010年度に1064人に上り、調査を始めた5年前の8倍超になっていることが、独立行政法人日本学生支援機構の調査※で分かった。同機構は「発達障害について学校側の認識が深まった結果」とみている。一方、発達障害の学生の就職率は3割弱と低迷しており、社会の入り口で苦戦している実態が浮き彫りになっている。

調査によると、10年度の障害学生８８１０人のうち発達障害の診断がある学生は12・１％。５年前の２・６％から毎年上昇を続け、初めて10％を超えた。

「診断書はないが、発達障害があることが推察され、教育上の配慮を行っている者」は１９４４人。診断書のある学生との合計は３００８人で、全学生の約１０００人に１人が該当する計算になる。

３００８人の内訳は高機能自閉症などが75・８％。注意欠陥多動性障害（ＡＤＨＤ）12・８％、学習障害（ＬＤ）11・４％と続く。

学校数を見ると、診断書のある学生が在籍するのは３２４校で全体の26・６％。６・３％だった５年前から大幅に増えた。発達障害とみられる学生の在籍校と合わせると４７２校となり、全体の38・７％を占める。

このうち４３２校は保護者との連携や履修方法などの支援に取り組んでいるほか、一部は休憩室の確保や講義録音許可など障害特性に合わせた授業のサポートを行っている。

課題は「卒業後」だ。09年度に卒業した診断書のある発達障害学生90人の進路で最多は「就職でも進学でもない」の35・６％で、就職率は25・６％にとどまる。全学生の就職率61・２％との差は大きく、障害学生全体の就職率46・４％とも大きな開きがある。

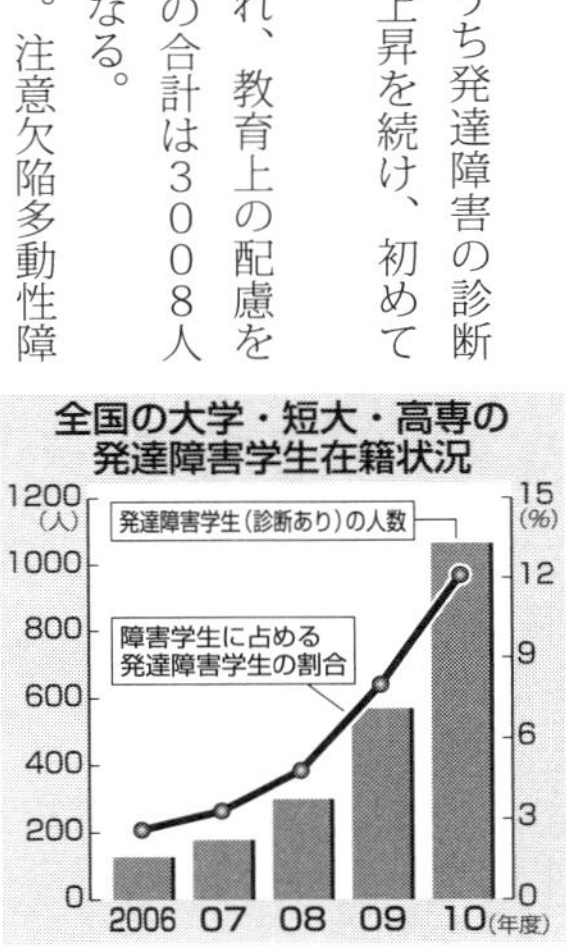

同機構は「大学は全入学者を教育して就労につなげる責任があるが、発達障害は見えにくく、まだまだ手探りの段階」と説明する。

県内のある大学は「診断書がないと就職の際に法的なサポートがなく、無職になるケースが多い」。診断書のある学生が在籍する別の大学は「就労に関する相談体制が不十分。大学と外部機関の連携が必要」と訴えている。

※障害学生修学支援実態調査…障害学生（身体障害者手帳、精神障害者保健福祉手帳、療育手帳を所持しているか、健康診断などで障害が明らかになった学生）の実態把握を目的に、日本学生支援機構が２００５年度から国内すべての大学や短大を対象に実施。10年度は学生３２４万１５６７人について回答を得た。「発達障害」は06年度から調査対象になっている。

医療編(上)　障害はなぜ起きるのか

自閉症や注意欠陥多動性障害（ＡＤＨＤ）などの発達障害は先天的な脳の機能障害とされる。なぜ、障害は起きてしまうのか。臨床の現場はどう対応しているのか。「発達障害に気づかない大人たち」（祥伝社新書）などの著者としても知られる精神科医で福島学院大福祉学部（福島市）の星野《ほしの》仁彦《よしひこ》教授（63）への取材を通じ、脳のメカニズムや薬物療法の現状を伝える。

■神経伝達物質不足が原因

発達障害は、脳のどの部位に障害があるのか。

SPECT（スペクト、単光子放射線コンピューター断層撮影）などによる研究の結果、アスペルガー症候群を含め自閉症は前頭葉、側頭葉、頭頂葉といった大脳皮質、脳の中心に近い大脳辺縁系、小脳、視床などに原因があるとされる。

「場の空気が読めない」「言葉を額面通りに受け取る」など自閉症の代表的な特性のほか、言語や運動、認知能力といった幅広い分野に発達の遅れが見られるのは、機能障害が脳の広範囲に及ぶためだ。自閉症が「広汎性発達障害」と呼ばれる理由だ。

ADHDの原因部位は前頭葉が主で、自閉症よりも限定的とされる。前頭葉は脳の中でも最も高度に発育し、欲望や衝動性の抑制、集中力などに深くかかわっている。

脳の各部位のモノアミン神経伝達物質※が不足する代謝異常が、発達障害の原因として指摘されている。

モノアミンの一つ、ドーパミンはやる気や心地よさを生み出す。星野教授は発達障害のある人について「ドーパミンが薄いため叱られることに敏感。健常者より10倍もほめられることや、親の愛情が必要な脳を持つ」と説明。「実際はその障害の特性のため、ほめられることが少なく、叱られてばかり。精神障害といった2次障害が起きるのはある意味当然」と強調する。

なぜ、脳の機能障害は起きるのか。

星野教授は「遺伝的な要因が最も大きい」とみている。一卵性双生児は同じ発達障害になる確率が極めて高いとの研究結果などがある。遺伝子の仕組み上、男性の方が発現しやすい。ただ「遺伝的な要因だけで必ずしも発症するわけではない」と訴え、環境要因の影響も指摘した。

環境要因では、妊娠初期の母親の飲酒や喫煙、環境ホルモン、出生前後の感染症や1千グラムを下回るような低体重出生などが挙げられるという。親や祖父母に全く発達障害がなくても、発症することもある。

※モノアミン神経伝達物質…脳内物質であるドーパミン、ノルアドレナリン、セロトニンの総称。ドーパミンは心地よさなどを生み出したり、集中力を高めたりする。不足すると物事への関心を低下させ、過剰だと統合失調症の原因になる。ノルアドレナリンはストレスを受けた時などに身を守るため緊張を生み出す。「怒りのホルモン」とも呼ばれる。血圧や心拍数を上げる。足りないとうつ病の原因となり、過剰だと躁状態を起こす。セロトニンは、ドーパミンやノルアドレナリンの乱れを抑え、精神を安定させる。

■薬物療法　課題は成人への適応拡大

発達障害をめぐる臨床現場の薬物療法は、ＡＤＨＤのコンサータとストラテラが中心だ。いずれも原則小児向けで成人のＡＤＨＤ承認薬はない。当事者や医療現場には解禁を求める声も少なくない。コンサータを扱う製薬会社ヤンセンファーマは今春、成人への対象拡大を目指して、依存性の有無などを確認する臨床試験を始めている。

コンサータは、ドーパミンの濃度を増す作用があり、「多動優勢型」のＡＤＨＤに効果が大きい。日本では2007年発売された。

一方、ノルアドレナリンを濃くするストラテラは、片付けられない、忘れ物が多いといった「不注意型」に効く。09年の発売だ。

処方対象はいずれも18歳未満。ストラテラは18歳までに服用を始めた場合に限り、その後も処方を受けることができる。

厚生労働省は、成人の依存症を懸念して処方を制限しているという。コンサータと同じ成分のリタリンの乱用問題が背景にある。名古屋市の男性がうつ病治療薬として処方されたリタリンを大量に服用、依存症になり05年に自殺していたことが07年発覚。社会問題化した。08年からうつ病やADHD治療薬として使えなくなった。

星野教授は、自らコンサータやストラテラを処方している経験や薬の構造、欧米では成人も対象とされている現状から「成人に投与しても依存性はないと思う。困っている成人のため早く使えるようにすべき」と提言する。

セロトニンの濃度を増加させ抑うつ症状を和らげるデプロメール、他害行為やパニックに対応するリスパダール、セレネースなどを処方する場合もある。

発達障害の薬物療法は対症療法だ。本人が周囲の支援を受けたり、社会への適応を目指すため落ち着いた状態をつくることが主眼になっている。

一方、発達障害の薬を幼いころから投与した場合の成長への影響を懸念する指摘もあり、小児の薬物療法の指針を定める必要性などを求める声も専門医から上がっている。

医療編(下)「見えない障害」を見る

「相手の気持ちが読めない」「強いこだわりを持つ」—。こうした特性がコミュニケーションや社会性の障害となっている発達障害の「自閉症」をめぐり、原因の解明や治療法を目指した研究が国内外で進められている。「先天的な脳機能障害」とされる発達障害に、先端科学はどこまで迫っているのか。PET(陽電子放射断層撮影)を活用した自閉症者の脳画像分析で「見えない障害」の可視化に世界で初めて成功するなどした浜松医大精神神経科の最前線の研究内容や今後の展望を報告する。

■PETで脳機能障害判明

「これまでは親の育て方が悪い、本人のわがままだなどと偏見に満ちた間違った理解をされていた。しかし今回の私たちの研究によって、自閉症は間違いなく脳機能の障害によって生じていることが明らかになった」。浜松医大精神神経科の森則夫《もりのりお》教授(60)は研究の成果を強調する。

同医大や中京大の研究チームは、18~26歳の知的障害のない高機能自閉症の男性20人と健常な男性20人の脳内を、国内で1つしかない頭部専用のPETスキャナーで撮影。分析した結果、自閉症の男性の脳内では感情や睡眠、不安などをつかさどる「セロトニン神経」が正常に働いていないことが分かった。

「セロトニン神経の働きを調整する『セロトニン・トランスポーター』と呼ばれるタンパク質の密度が、健常の男性に比べ脳全体で平均3割低くなっていた」

森教授によると、「帯状回《たいじょうかい》」という脳部位での密度低下は「相手の気持ちを読めない」という症状が、また「視床《ししょう》」という部位での低下は「こだわり」という症状が強まる関係にあることも判明したという。

知的な遅れのない自閉症などの発達障害は、外見では判断できないことなどから「見えない障害」とも言われる。森教授らによるPETを用いた脳画像は、これまで指摘されていた脳の機能障害を「見える障害」へと可視化したと言える。

研究チームは2010年1月、これらの成果を米国の医学専門誌に発表。自閉症のセロトニン異常仮説も世界で初めて証明した。

森教授は「自閉症の予防や治療に向けて、『セロトニン・トランスポーター』という具体的な標的を提示できた。これにより今後の研究が大きく前進すると思う」と強調する。

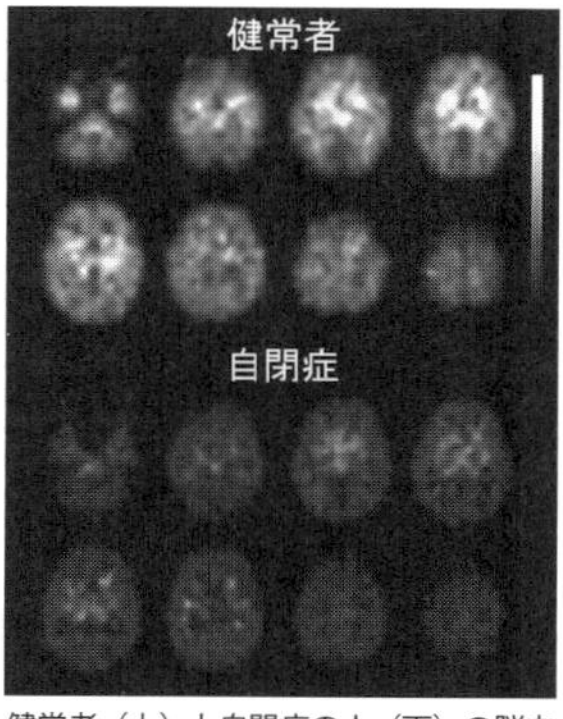

健常者（上）と自閉症の人（下）の脳内PET画像。自閉症の人は「セロトニン・トランスポーター」の量が少ないため、健常者に比べ全体的に暗くなっている

■「目を合わせない」　神経機能低下が原因

ＰＥＴを活用した浜松医大などの自閉症研究はさらに進む。

自閉症の人は会話をする際に相手と目を合わせない傾向が強く、この特性が「相手の表情を読めない」などの社会性の障害に結びついているとされる。

研究チームは18〜33歳の高機能自閉症の男性20人と、健常の男性20人をＰＥＴを使った脳画像で比較。すると、人の表情を認識する時に重要な脳底部の「紡錘状回《ぼうすいじょうかい》」で、神経活動にかかわるタンパク質「コリンエステラーゼ」が自閉症の人は健常者に比べ20〜40％少ないことが分かった。量が少ない人ほど、「相手の気持ちが読めない」などの症状が重い傾向だったことも判明したという。

２０１１年３月に米国の医学専門誌に研究結果を発表した森教授は「自閉症の人に見られる『相手と目を合わせない』という症状は、神経機能の低下が原因であることも分かった。機能の低下の解明は今後の課題」と説明する。

なぜ、浜松医大はＰＥＴを活用した先駆的な研究に取り組むことができるのか。

森教授は①地元の大手電子機器会社「浜松ホトニクス」が独自に開発した国内唯一の頭部専用ＰＥＴが使える②ＰＥＴの画像解析に必要

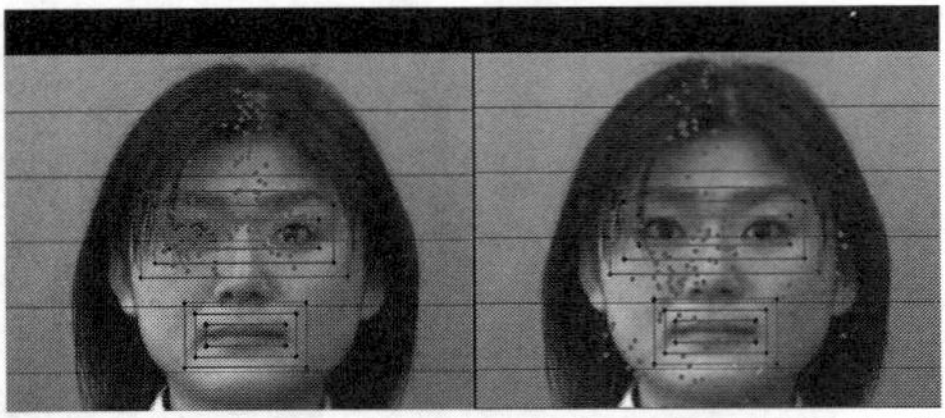

6歳の健常児と自閉症児が人の顔を見る時の注視点を調べると、健常児は相手の目に集中する（写真左）のに対し、自閉症児は鼻や口を見ている。この特性を利用した早期発見用の診断補助装置の開発が進められている

な専門家が医大にいる―などを挙げた。

森教授は「がん検診などに使われる全身のPETに比べ、頭部専用PETは画像の解像度が非常に高い。世界でも最高水準の機器だと思う」と評価する。

会員の高機能自閉症の男性らが被験者となって研究に協力するNPO法人「アスペ・エルデの会」(事務局・名古屋市) 理事長の辻井《つじい》正次《まさつぐ》・中京大現代社会学部教授(47)＝発達臨床心理学＝は「当事者が研究に協力していくことでしか理解や支援を進めることは不可能」と持論を説明。

辻井教授は「脳の障害部位を見て分かるようになったことは理解の促進という点で非常に重要だ。現在は症状を行動面から診断しているが、より医学的な診断が可能になるだろう」と期待を寄せる。

取材班二つの提言

「障害への気付きと受容」「オープンな環境つくる」

年々増加傾向を示す発達障害児者のルポを通じ、家庭や教育現場、社会が直面する課題について長期連載や関連記事で報道してきた下野新聞社「発達障害取材班」は、一人一人の個性を認めともに歩む社会の実現に向けて、「本人や家族はまず障害があることに気付き、受容する」「障害の特性を認め、本人や家族がためらわずオープンにできる環境をつくる」の二つを提言する。

取材班は２００５年の発達障害者支援法の施行や、発達障害を対象に加えた07年の特別支援教育の導入などを受け、障害への一般の理解は着実に広がりつつあることを実感した。一方、「真実性の担保や多くの共感を得るには実名報道が不可欠」との基本姿勢で取材相手に協力を求めたが、「世間の偏見が根強い」などを理由に実名がかなわなかったケースもあった。

外見からは分かりにくい障害が偏見を助長している側面が強く、「親のしつけが悪い」「愛情不足が原因」などの誤ったとらえ方をされ傷付く保護者も少なくない。

障害の「見えにくさ」は、身近な家族にとっても受容の妨げとなる。わが子に障害があることを認めたくないのは親心。見た目で分からなければ、なおさらだ。

発達障害は先天性の脳機能障害とされ、早い段階から支援を受ければ、多くの場合、社会に適応していける。

取材に協力してくれた多くの保護者らは「社会の側が発達障害者にすべて合わせてくれることはあり得ない。当事者側もできることで歩み寄り、社会のルールと折り合って生きていかなくてはいけない」と強調する。

まず社会が発達障害を包み込んでいくことが求められる一方、当事者側も社会の一員になることを目指す姿勢が必要だ。

当事者側が障害に気付き、受容することと、社会がオープンにしやすい環境を整える。両者がともに歩んでいければ、教育や就労の場の課題も一つ一つ解消されるだろう。

「あなたの中にも」

栃木県教育研究所　相談員
山岡　祥子

■山岡　祥子（やまおか　よしこ）１９５９年生まれ
日本女子大文学部卒、東京成徳大大学院博士課程後期修了（心理学博士）／臨床心理士／栃木県教育研究所相談員／栃木県スクールカウンセラー
〈専門〉
臨床心理学／発達心理学／発達障害

発達障害　その現状と課題

２０１１年１月に連載「あなたの隣に　発達障害と向き合う」が始まって間もなくのこと。小学３年生の男児を持つ母親が「うちの子の症状にそっくり」と子どもの発達障害を心配して相談に来た。その後、「連載を読んだ」と、子どもの発達障害を心配する母親の相談が相次いだ。また、自分自身の発達障害を疑う成人の相談者や「婿にその傾向があるのでは？」など身内を心配する相談者も、以前よりずっと増加した。そして、連載が終わって１年以上が経った今なお、その傾向は続いている。

発達障害の知識が乏しかった人やその実情をあまり知らなかった人にとって、本紙の連載はセンセーショナルであったに違いない。連載中もその後も、「読みましたか？」という会話は、あちこちで聞かれた。読者はそれまでも、テレビや新聞・本などで発達障害について、少しは耳にしたり目にしたりしていたはずだ。それが、当事者のエピソードが具体的に、しかも集中的に連日掲載されたことで、漠然としていたものが鮮やかにイメージできるようになったのではないかと思う。ある母親は、「うちの子は、ＡＤＨＤだと思っていたが、新聞を読んだら自閉傾向もあるとわかった。発達障害はひとつだけあるとは限らないのですね」と興奮して話してくれた。アスペルガー症候群とＡＤＨＤなど、複数の発達障害を併せ持つことを知らなかったのだと言う。連載は読者に、発達障害についてより多くの知識を与えることにも成功したようである。

本稿を書くにあたり、今回、改めて連載を読み直したが、発達障害者の実情や家族の苦悩、教育現場の現状と課題が浮き彫りにされていると改めて感じた。そして何よりも、ほとんどのケースで実名報道されていることに、強い衝撃を受けた。「真実性の担保や多くの共感を得るには実名報道が不可欠との基本姿勢で臨んだ」と、新聞には書かれている。

しかしながら現状では、発達障害について差別や偏見がまだまだ根強く、社会で十分理解されているとは言いがたい。その中で実名を出すことは大変勇気のいることだったと思われる。反響や影響の大きさを考えた時、匿名で取材に応じる方が、現時点ではむしろ自然だ。にもかかわらず、実名での報道が実現したのは、取材陣の熱意が本人や家族など当事者側に届いたということであろう。一方、当事者側も、周囲や社会に発達障害児・者のことを少しでも理解してほしい、生きやすい世の中になってほしいという切なる願いがあったと思われる。特に、家族の子どもへの思いを考える時、胸が締めつけられるような気持ちになるのは、私だけだろうか。

本紙連載が「科学ジャーナリスト大賞」を受賞したことに対して、取材班はもとより、取材協力を惜しまなかった当事者の方々に、改めて心からの敬意を表したいと思う。

近年、発達障害と診断された子どもやその疑いのある子どもは増加傾向にあると言われている。そして、その対応が教育現場の差し迫った課題になっている。07年に特別支援教育が学校現場に導入され、障害への理解や支援は着実に進んだ。しかし、巡回相談員やスクールカウンセラーとして、幼・保育園、小・中・高校それぞれの現場に立つ中で、発達障害への理解は十分ではなく、特別支援教育が軌道に乗るにはまだまだ時間がかかると感じている。発達障害の現状と支援の課題について、気づいたことをこれから幾つか述べたいと思う。

早期発見・早期対応

未就学児における発達障害の早期発見・早期対応の体制づくりが急がれる中、県内では5歳児検診が始まり、全市町で知的障害のないタイプの発達障害の早期発見に取り組むようになった。発達障害は、小さいころから適切な療育を受けていると将来の適応がよく、精神症状など二次障害を防げることが研究からわかっている。

しかし、5歳児検診の方法は市町でまちまちで、試行錯誤の段階にある。社会性の遅れを発見するには、専門家が集団の中で子どもの様子を観察する必要があるが、幼稚園・保育園側、あるいは保護者がつけたチェックリストだけで5歳児検診を行っている市町もある。したがって、発達障害が疑われる子どもを確実に拾い上げ療育につなげられているかと言えば、まだ十分ではないのが現状だと思われる。

また、療育につなげたものの、発達障害であると強く疑いながらも親に診断名をすぐには伝えず、経過観察にしているケースにたびたび出会う。支援者側が「保護者が落ち込んでしまう」との配慮から、伝え方や、伝える時期を探っているのは理解できる。ただ、自閉症の症状のピークは4～5歳であり、親を傷つけまいと診断を伸ばすのは、逆に親を混乱させ療育を遅らせるだけである。診断された子どもの親が「宙ぶらりんの時期が一番辛かった」「もっと早く診断名を知りたかった」と言うことが多いことから、親の気持ちに配慮しながらも適切に診断名を伝えていくことが必要だと感じる。

生来持っている特性が一番発現しているのが、幼少時である。この時期に特性に気づき、特性に応じた療育を始められたら、グレーゾーンの子は定型発達圏内に、診断されるタイプではグレーゾーン圏内に症状が改善される可能性が大いにある。そのためには、専門家が幼稚園や保育園に積極的に入り、5歳児検診を充実させること。そして、幼稚園の先生や保育園の保母自身も、発達障害の視点を持って保育にあたることが大切ではないかと考えている。

急務な義務教育後の支援

特別支援教育が始まり、小中学校までは発達障害への理解が深まり、通級教室や特別支援学級や、取り出し授業などの支援体制が整備されつつある。しかし、「義務教育まで」とそれ以降では、発達障害者への理解と支援体制には大きな開きがある。後者の支援体制の拡充が、早急に必要である。本紙らのアンケート調査「校種別の発達障害（診断・疑い）在籍率」で、中学校までに比べて高校・大学で極端に減っており「発達障害のある生徒が見えていない現状がうかがえる」と指摘されていた。現場を知る者としては、まさに実感である。かりそめの適応をしてきたものの、高校入学後に「もう限界！」とばかりに精神症状を出したり不登校になったりすることがある。だが、高校の教職員は、不適応の生徒が発達障害だと認識していないことがしばしばだ。特に、進学校ではその知的能力の高さゆえに「しつけの問題だ」「本人の怠けやわがままだ」と認識してしまいがちだ。

義務教育期間である小中学校までとそれ以後の高校・大学とを比べると、教職員の発達障害に対する基本的な知識にそもそも大きな差異がある。研修の頻度に圧倒的な違いがあり、それが知識の差異に直結している。また、制度上は、保護者の了解があれば、中学から高校へ発達障害を通知できるようになった。だが、その制度を利用する保護者はまだわずかだ。高校で障害を正しく理解し支援してもらえるか未知数である現在、差別や偏見を心配して二の足を踏むケースが多い。

大学では、「見える障害」への支援は充実し、「講義保障」の概念からノートテイクなどを中心に、視覚障害者や聴覚障害者に対して学生同士のピアサポートを行っている大学が増えている。しかし、「見えにくい障害」については、「発達障害の学生がいる」ことをやっと認識し始めた段階だ。彼らにとって大学は少し生きやすくなるが、一方では友達に相談したり情報交換したりすることがないために、カリキュラム申請が期日までにできない、レポートの提出期限を忘れる、授業に欠席したり試験を受けないことがあっても誰からも心配されないなど、様々な問題が生じてくる。成績表が実家に通知されれ単位がほとんど未修得であるという事実に直面し、親は事の深刻さを知ることはめずらしくない。

大学によっては、カウンセリングをベースにグループ活動などの支援が始まった。また、レジュメを用意するなどわかりやすい授業を大学側が考えるようにもなっている。しかし、現在、どの大学も発達障害の学生がいることは分かっていても、何をどう支援するかは手探りの状態である。

支援教育のスキルの充実

発達障害への理解と支援が進んでいる小中学校でも、実は、それが十分であるとはまだまだ言えない。教師各々で個人差が大きく、特別支援教育のスキルの充実は、これからだ。

まず、発達障害を持つ子どもは、視覚、聴覚、嗅覚、触覚、味覚などに感覚過敏性（あるいは鈍感なこともある）を持つことが多く、集団不適応の大きな要因となっている。だが、それへの配慮が不十分なことがある。加齢や練習で過敏性は徐々に緩和されるが、基本的には生まれつきのものなので簡単には治らないし、強いストレスや思春期においてはその傾向が高まることさえある。まぶしい光や蛍光灯のまたたき、ワイワイガヤガヤ雑多な音、教師や友達の甲高い声、給食や運動後の汗のにおい、痛いと感じる軽いボディタッチ、ラベルの違和感やゴムなどの圧迫感、苦く感じる生野菜など、学校は不快な刺激でいっぱいだ。しかし、触覚過敏のある子どもへ「上靴をちゃんと履きなさい」と執拗に指導し、給食の臭いを少しでも避けようと教室から飛び出す子どもに「手を洗った後はフラフラしない」と指導する場面をよく見かける。感覚過敏に対しては「我慢が足りない」と叱るよりも、不快なものをできるだけ減らしたり遠ざけたりして、少しでも快適に過ごせる工夫が必要である。なお、フリーズすることや抵抗することで不快感を訴えていることもあり、それに気づくことも大切だ。

次に、発達障害児はそもそも「学び方が違う」ことを意識し、辛抱強く彼らにつき合う必要がある。また彼らは何かができても「できて当たり前」、できないと「何でできないの！」と叱られてしまう。同じ間違いを繰り返し、さらに叱責されてしまう。家でも学校でもほめられる体験はびっくりするほど少ない。

小さいころから言われなくても目で見たり耳で聞いたりして自然に学んでいくのが、定型発達の子だ。一方、ひとつひとつ丁寧に、大人が工夫して教えてやっとできるようになるのが、発達障害の子である。通常の教え方ではわからないが、工夫をしながら教え続ければ、ゆっくりだができるようになる。学習においても、対人関係においてもまたしかり。だが、これができるのだからあれもできるという応用はできにくい。薄皮を重ねるようにひとつひとつ教えないと身につかないのだ。発達障害の子は、実に手間ひまがかかる。ある教師は「反抗しているのか、冗談で失敗し続けているのかわからない！」と頭を抱えていた。「わざとやっている」わけでもなく「反抗的なのでもない」ことを意識し、学び方に違いのある彼らに辛抱強くつきあうことが肝心である。

また、子どもの能力やできる水準の見極めをきちんとすることもポイントである。発達障害を持つ子に「何をどこまで頑張らせるか？」は、大きなジレンマだ。周囲は「できるようにさせたい」との思いから、知らず知らずのうちに無理な要求を出してしまいがちである。ストレス耐性が弱く、気分の波に簡単にのまれてしまう彼らは、少しのことで一気にできることができなくなる。要求水準は、子どもの能力やペースに加え、直前の出来事やベースとなる状況（家で叱られた・空腹であるなど）も加味して求める柔軟さが必要となる。少し頑張ればできる課題を無理なくスモールステップで出すこと。「できる体験」を増やすことが大切である。

そして、発達障害の子なればこそ「ほめて育てる」ことが重要である。本紙でも紹介されていたが、

「ドーパミン（やる気や心地よさを生み出す神経伝達物質）が薄いために叱られることに敏感。健常者よりも10倍もほめられることや、親の愛情が必要な脳を持つ」と報告されている。ほめて育てることは、発達障害を持つ子どもの場合、特に必要なことが脳科学からも実証されている。

なお、トラブルがあった時に、本人の「言い分」を十分に聞くことを提案したい。状況を間違って把握していた、行動レパートリーがなく適切な行動を取れなかった、相手の気持ちを誤解していた、自分なりの方法で頑張ったけれど結果として問題行動になってしまったなど、子どもの話をじっくり聴くといろいろなことが見えてくる。指導のポイントもわかる上、自分の言い分を聴いてもらえたことで子どもの教師への信頼感も増して、一石二鳥である。

ほめて育てることで将来「どうせ自分は何をやってもだめな人間だ」と自己否定感を募らすことなく、二次症状を軽減することも期待できる。逆に、怒られ続けて成長した場合、思春期・青年期以降に引きこもり、抑うつ症状など二次症状の出る可能性がある。ほめられる＝認められ受け入れられる体験は、将来の適応に欠かせないものである。

求められる現場の連携

特別支援教育の試行錯誤が続く中、マンパワーと時間不足が、どの学校でも深刻な問題になっている。学校では、たくさんの発達障害傾向のある子どもたちに出会う。支援学級への入級が妥当であるが通常クラスにとどまっている例もあり、発達障害傾向を持つ子どもが通常学級に2～3人どころか7～

8人いる場合さえある。グレーゾーンを含めると、文科省の調査結果である「通常学級における発達障害の子どもの在籍率」6・7％をはるかに超え、2割程度いるのではないかと思う。

従って、通常クラスの教師は、集団指導と発達障害傾向のある子への個別指導とのバランスに大変悩んでいる。なるほど教師の加配、チームティーチング、取り出しの個別指導や通級教室の利用などが行われ、教育形態も工夫されつつある。しかし一方で、個別指導をすると授業がストップしてしまう、特別扱いをどこまでしたらいいかわからない、対人トラブル指導に多くの時間が割けない、反抗的な態度にどう接していいかわからない、などのジレンマを教師は常に抱えている。小学校中学年以上では、加配教師の手当てが十分でないことも多く、教師の悩みは深い。「本当はもうちょっと丁寧に指導したいし、話も聞いてあげたい。だけど、時間がない！」と悲鳴を上げる教師を多く見かける。

また、思うようにならないとパニックになる、暴力をふるう、勝手に学校から飛び出すなどの深刻な事態が頻発すると、教師はさらに対応に苦慮している。全校体制を取ってもマンパワー不足から常に綱渡りの状態で、教師は心身共に疲弊する。子どもにされたひっかき傷やあざのある教師にもたびたび出会う。張り詰めた糸がプツンとキレたように傷病休暇を取る教師がいるのを聞くと、1クラスの人数を減らす、加配教師を小学校高学年以上でも充実させるなど、通常学級においてもっと工夫ができないものかと心が痛む。

さらに、教師はいつも仕事に追われており、発達障害を持つ子どもについて教師間で情報交換や意思疎通を図る時間が限られているため、一貫した対応ができにくい状況になっている。例えば、「注意されることに敏感」との情報が共有されなかったことで、ある教師に厳しく注意された直後から不登校になってしまったケースもある。また、特別支援教育コーディネーターは専任どころか、その他の係と兼任していることも多い現状を見かける。発達障害傾向のある子へ関わる時間とマンパワー不足は、該当児だけでなくその他の子どもへの影響も必至である。

不登校といじめ

発達障害の問題を考える時に忘れてはいけないのは、不登校といじめの問題である。不登校の子どもの約6~7割に発達障害傾向が見られると言われている。もちろん心理的な要因で不登校になる場合もあるが、小学校では特に、発達障害が絡んでいる不登校が多い。発達障害の不登校はいじめやからかいなど対人トラブルがきっかけになる場合もあるが、きっかけらしいきっかけがなく休み始め、周囲を慌てさせることがある。後者のケースではよく聴くと、ずっと以前にあったトラブルが引き金になっている、集団や勉強への苦手感が限界を超えてしまったことなどが要因になっているようである。また、学校復帰に意欲がないことも多く、不登校から引きこもりになることもある。

いじめやからかいも、深刻な問題である。思春期の子どもは、ちょっとでも違う者を異分子として排除し、友達との凝集性を高めることで自らを安定させようとすることがある。発達障害の子どもは、少し変わったところを持っているのでその格好の標的となる。また、彼らはソーシャルスキルも未熟でトラブルも多いことから、いじめやからかいの対象になりやすい。さらに、いじめられた時はケロッとしているのに、数年後にいじめだと気づき、フラッシュバックして自尊心の低下や精神症状に苦しむことがある。

そう考えると、発達障害の子どもの不登校やいじめを未然に防ぐには、彼らだけでなく学校全体で子どもたちのソーシャルスキルを向上させる必要がある。彼らだけにソーシャルスキルを学ばせていても、受け入れる側のスキルが不足していたのでは、トラブルが起きるのは必至であるからだ。また、日本では感情教育が遅れているが、小学校のころから道徳や国語の授業を積極的に使って、すべての子どもに自他の感情についてもっと学ばせていくべきである。学校全体でソーシャルスキルを向上させ、感情教育を促進させることで、彼らを温かく包み込む環境整備ができるのではないかと思う。

なお、自閉症スペクトラムの子どもの社会性は、SST訓練だけではうまく伸びないことがわかっている。彼らは中枢性統合障害を持つため、いろいろな情報をまとめて全体像をつかむ力が弱い。だから、単にSST訓練だけでは実際場面で適切に使えるようにはならない。視覚的な方法を用いて感情認識のトレーニングをすること。それをベースにして、実際に起こったことを題材に認知の歪みを修正させながら、社会性の向上を図ることが大切である。

難しい障害の受容

本紙で、支援する上での「大きな壁」として、支援を目指したい学校と、障害認識のない親や本人ら当事者側とでは意識の差が大きいことが取り上げられていた。発達障害を持つ子どもの親や本人が障害を認識したり受容したりするのは、実はそう簡単なことではない。

親が子どもの発達障害を認識できないのには、いくつか理由がある。まず、親は発達障害がどんなものなのかを知らない。「昔からこういう子はいた」「自分も昔はそうだった」という思いから、簡単には納得できないのである。次に、親は子どもの本当の実態を知らない。自分の子どもだけしか見ていないので、同年代の子と比較した時や集団に入った時の子どもの様子がわからないのだ。さらに、父母で障害認識に差があって対立している場合もある。母親は「変わった子」だとうすうす感じていることが多く、障害認識を比較的持ちやすい。だが、子どもとの接触時間が限られる父親にとっては、そう簡単ではない。したがって、教師は子どもの学校での様子を繰り返し根気強く伝えていく必要がある。また、こういう時こそ外部性と専門性のあるスクールカウンセラーに仲立ちしてもらうのも一つの方法だ。

話す時に大切なことは、子どもの実情を伝えながらどうしたらうまく行くかを一緒に考える姿勢を保つことだ。教師から「困っている」と言われると、保護者は申し訳なさあるいは怒りの感情の他に、どこか突き放されたような感覚を持つ。だが、「どう支援したらいいか」と話されると、保護者も子どもの現状を前向きに受け止められるようである。また、以前に知的障害のない自閉症児を持つ母親の意識調査をしたことがあるが、気づく以前に他人から障害を指摘されると、診断された時と同じくらいショックを受けることが認められた。伝える側はそのことを十分に認識しておく必要がある。

さらに、「あの親は障害受容ができていない」と話すのをよく聞くが、診断を受けた子どもの親が障害を受容するということは、並大抵ではないことを周囲は知るべきである。これも以前に調査した結果によるが、母親自身が子どもの障害を強く疑って受診した場合でも大きなショックを受けることがわかっている。診断までに時間がかかっている場合、「診断されてホッとしました」と言う母親がいる。しかし、同時に、ショックも受けており、診断は複雑な気持ちを引き起こすことが認められている。また、母親が子どもの障害を受け入れるまでに平均で約1年かかり、個人差も大きいという結果が出た。中には、十数年経った今も障害を受容できていないと答える母親もいたほどである。

親へ障害認識を性急に迫ると、親と連携できないばかりでなく対立しかねない。すると、かえって子どもへの支援が滞ってしまう結果になる。親の複雑な胸の内を考えながら親の気持ちに寄り添い、学校と家庭が手を携えて連携していくと、やがては親も障害をしっかり認識できるようになると考えられる。

本人への障害告知が、最近注目されているが、告知は適切な時期に慎重に行うべきであると考えている。医師らがそれぞれの立場と臨床上の感覚で告知の時期や内容や方法についていろいろなところで発表しているが、そもそも本人への障害告知に関しては研究知見があまり積み重ねられていない。ただ、私が以前に研究した結果によると、障害の本人告知はメリットとデメリットの両方あることがわかっている。メリットとしては、子どもへ正確に説明できる・子どもの自己理解が深まり成長がみられる・親子関係がオープンになる等々。その反面、告知されたことで、ショックなどの精神的ダメージや「どうせ」との開き直り・不適切なカミングアウトをしてしまうなどのデメリットがある。

本人告知は、親自身が子どもの障害を受容している・子どもが他者との違いに気づいている・それまで特性や対応を教えてきた、などいくつかの条件が満たされた上で、適切な時期を見計らってなされているとメリットが大きかった。しかし一方、親が受容する前に時期もよく考えないで告知をした場合、本人に否定的な感情が多く出て、かえってデメリットばかりが目立つ結果になっていた。医師や親から乱暴な告知を受け、ショックのあまりうつ状態になったケースさえあった。

自己理解のためにも告知は必要であろう。しかし、告知は本人に特性とそれへの対処法を伝え続けた後に、適切だと思われる時期に慎重になされるべきである。子どもによって告知年齢は当然違ってくるであろうし、診断名だけを伝える告知は、何の意味もないと考えている。

また、周囲へのカミングアウトも、慎重に行うべきであろう。それによって周囲からの理解が深まり事態が好転する場合もあるが、かえって色眼鏡で見られ辛い思いをすることもある。発達障害に対して差別や偏見のない社会への途上にある現在、診断名を告げることは自分を理解し支援してくれる大切な人だけにとどめ、特性を伝えていく方が賢明なのではないかと思っている。

発達障害と脳科学

これまで、幼保~大学までの発達障害における現状と課題について述べてきた。そこでは「見えにくさ」が、当事者側にも支援者側にも大きな混乱を与え、支援の妨げになっていた。そこで「見えにくい」障害をどのように考えたらよいのかについて考えてみたい。

まず、「障害」に対する概念が従来とは大きく変化している。従来は、視聴覚障害や身体障害など、比較的「見てわかる」ものだけを「障害」と考えてきた。だが、研究が進み、自閉症や学習障害、ADHDはいずれも脳の機能障害であることが明らかになり、「見えにくい」ものに対しても「障害」ととらえるようになってきた経緯がある。ただ最近、脳科学が急速に進歩し、「見えにくい」ものが可視化され、「見える」時代になってきた。脳画像研究からは、「自閉症スペクトラムの人は定型発達の人に比べて、セロトニンやノルアドレナリン、アセチルコリンといった神経伝達物質にかかわる脳内の神経ネットワークや脳機能の活性の仕方に違いがある」ことが判明している。また、「大脳辺縁系の扁桃体と小脳などに委縮があり、構造的な違いのある」ことも明らかになっている。

次に、従来の障害と比べ、目で「見えにくい障害」はかなり高い頻度で認められている。例えば、知的障害は約2%と言われているのに対し、発達障害は約7%とも言われ高率である。発達障害は特性の強いタイプからマイルドなタイプまで連続していて、しかも、定型発達と発達障害の境界はあいまいでグラデーションのようにひと続きになっていることがわかっている。これを「スペクトラム(連続体)概念」と呼ぶ。

スペクトラム概念を考える時、発達障害は自分とかけ離れたものではなく、自分の中にもあることに気がつく。例えば、化粧品はここのメーカー、床屋や美容院はここの店、というこだわりは誰しも持っているであろう。このこだわりは、自閉症特性のひとつである。少し前に「KY」という言葉が流行ったが、「空気が読めない」人は、身の回りにゴロゴロいる。これも自閉症特性のひとつ、社会性の質的障害である。発達障害の特性を少し持っている人から診断レベルの人まで、実はめずらしくないのだ。子どもの発達相談で出会う保護者の中には、発達障害を持つと思われる人もいるが、父親たちは毎日仕事をして家族を養い、母親たちは家事と育児をこなしている。

遺伝要因と環境要因

さらに、発達障害は遺伝要因だけでなく環境要因も見逃せないことが、現在、注目されている。従来、両親から受け継いだ遺伝子の働きは変わらないと考えられていたが、最近、その遺伝子の働き具合を変える「エピジェネティクス」というメカニズムのあることが明らかになった。「ある遺伝子にはその働きをコントロールするスイッチに相当するものがあり、その切り替えによって遺伝子の働き具合が変わるが、このスイッチの切り替えを行うのが環境要因である。例えば、ネズミの実験では、生後間もない時期に母ネズミから引き離されると、仔ネズミのストレス耐性遺伝子のスイッチがオフになり、ストレスに弱く精神的に不安定なネズミに成長するが、母ネズミの世話を受けると、その遺伝子がオンになり、精神的に安定したネズミに成長する」と言う。「エピジェネティクスの発見で、遺伝要因と環境要因が合わさって機能するシステムが存在することや、遺伝子機能が後天的に変わりうることが証明された」と報告されている。

「氏か育ちか」ではなく、「氏も育ちも」であることが科学的にわかってきた。自閉症は、複数の要因が関与する多因子疾患であると言われている。多因子疾患とは、「複数の遺伝子と環境要因が相互に作用することによって発症すると考えられている疾患」のことであるが、遺伝子を持っていれば必ず発症するのではなく、「なりやすさ」が遺伝するという疾患のことだ。すなわち、遺伝子だけでなく親子関係や養育上の問題など環境要因も見逃せないことがわかってきたのである。そこで思い出すのは、第４の発達障害と言われている「虐待」のことである。幼少のころに虐待を受けていると、脳そのものが変化し、発達障害に似た症状が出現することが認められている。

重要な安心感と安全感

ここで、発達障害と環境要因について、もう少し考えてみたい。発達障害の子どもは愛着形成が遅れ、愛着形成不全となっていることが多い。発達障害がベースにあって行為障害など複雑な問題が起きている場合に、愛着の視点を入れてみると、問題の本質が見えてくることがある。母親が子どもに拒否的に関わっていると子どもは基本的信頼感を獲得できないが、それが問題を大きくしてしまうのだ。

愛着とは、母親などある特定の存在（愛着対象）に対する特別な結びつきのことである。特定の人との安定した関係が愛着を形成し、将来、安定した対人関係スタイルへと続いていく。安定した愛着スタイルを持つ人は、人との間に安定した信頼関係を築き、対人関係や仕事などに高い適応力を示すことがわかっている。なお、母親不在や機能不全で愛着形成が十分でない場合でも、他の養育者との間でしっかりした関係を持つことができれば、その悪影響を免れることも可能である。また逆に、母親との愛着が安定していても、両親の不和が深刻であると、愛着は傷ついてしまう。

自閉症スペクトラム障害の子どもは、愛着が育ちにくい。触覚過敏があるとなおさらだ。スキンシップが十分になされず、愛着形成不全が余計に起きやすくなる。スキンシップは子どもが健全に育つために非常に重要であるが、彼らは母親が抱っこをしようとするとのけぞり、手をつなごうとするとふりほどく。母親ではなく、きょうだいやあまり一緒にいない父親になついたりする。母親は自分になつかない子どもにイライラして冷たく接するようになり、場合によっては虐待に至ることもある。母親と子どもの距離はますます離れてしまう悪循環がそこに生まれ、愛着形成不全となる。核家族が多い現代社会では、同居する祖母など愛着障害を補える安定した対象が他にないことが多く、愛着が不安定なままになってしまう。

ただ、自閉症スペクトラム障害の子どもも、生涯にわたって愛着形成がなされないわけではない。小学校に入学後、あるいは思春期、また20歳すぎてから母親への愛着が深まり、大きな体で母親にベタベタと甘えてくることがある。その時に、母親がしっかり甘えを受け入れれば、愛着は形成されていく。

発達障害において、成人期までの支援で一番重要なのは、子どもに安心感と安全感を与えることのように思える。子どもは愛着対象を持つことで、不安や恐れをなだめ、外の世界へ飛び出していく。大人になると愛着対象は心の中に納められ、それをイメージすることで情動をコントロールできるようにもなる。発達障害であろうとなかろうと、人間はみな同じプロセスをたどって成長する。愛着が形成されるか否か、安定した親子関係が築けているか否かでも、発達障害児・者の集団適応や社会適応に大きな相違があるように思う。

自閉症は母子関係や養育に問題があると言われ、母親らは大いに傷ついてきた。しかし、発達障害が脳の機能障害であることがわかると、今度は、脳の機能障害だから治らないという見方が強くなり、親子関係や家庭環境への目の向け方が不十分であるような気がしてならない。発達障害児の子育ては並大抵のことではない。しかし、発達障害は遺伝要因だけでなく環境要因も見逃せないことがわかった今、もう一度、親子関係や家庭環境にも目を向ける必要がある。そして、子どもを支える家族の心のケアについても支援を充実させるべきではないだろうか。

「あなたの中に」

現在、障害者の「自ら選択する自由」を謳っている障害者権利条約の批准に向け、特別支援教育のあり方が再検討されている。今は、子どもの実態に合わせて特別支援学校や支援学級などの就学先を決める特別教育制度が導入されているが、さらに国は、「インクルーシブ（包括）教育システム」の今後の導入について、検討を始めている。

従来の「特殊教育」は、障害種別に応じた教育を行うことが主流であったが、その後、一人ひとりのニーズに合わせた「特別支援教育」が始まった。さらには、インクルーシブ教育を「障害者が差別を受けることなく、障害のない人と共に生活し、共に学ぶ教育」と位置づけ、「全ての子どもを原則地域の小中学校の通常学級に在籍させる」「本人や保護者が望む場合や適切な環境が必要な場合には、特別支援学校や通常の学校の特別支援学級に在籍することができるようにする」ことなどが検討されている。

障害者の教育については、分離と統合の二つの考え方がある。前者は、障害がある場合、早期から分離して教育した方が子どもの能力をより伸ばせるとの考え方である。後者の考えは、それは差別につながる恐れがあるため、統合した形での教育を目指すべきだというものである。「障害を持つ子が通常教室にいると、こういう子もいるのだと周囲の子が自然に理解し助けるようになる」という話をよく聞く。それは統合の大きなメリットであり、差別や偏見のない共生社会を築くための第一歩であろう。だが、現実的には、さまざまな障害を持つ子や能力に著しいバラつきがある子が同じ教室で教育を受けるのは、かなり難しい。理念はすばらしいが、実際に制度化するにはさまざまな問題をクリアしなければならない。理念倒れになるよりもむしろ、統合か分離かという二者択一的な考え方でなく、双方のよさを活かしたインクルーシブ教育が実現されるとよいのではないかと考えている。

発達障害のとらえ方にも、二者択一でない考え方が必要だ。「発達障害ではないから大丈夫だ」とか「発達障害だからしかたがない」という妙な区切り方をしてしまっているのが気がかりだ。「発達障害か、そうではないか」と紋切り型にとらえるのではなく、うまく行きにくいことがあるなら「こうするとうまくいく」とか「こういうふうに手伝ったらできる」など特性を意識した支援をすればよいだけだと考えている。

前述したように、発達障害は定型発達の人までも広がりをみせるスペクトラム概念である。であるなら、発達障害の行動特性を全く持たない人はいないはずであり、発達障害は決して自分と無縁ではない。

今回の連載のタイトル「あなたの隣に」は大きな反響を呼んだ。しかしこう考えるなら、「あなたの中にも」が本当は実態に近いのである。いずれにしろ、発達障害児・者を特別視しない、一人ひとりの個性を尊重する共生社会が一日も早く実現することを願っている。

【参考文献】

杉山登志郎「アスペルガー症候群再考」、そだちの科学17号、2-11頁、2011年
鈴木勝昭「アスペルガー症候群の生物学的知見」、そだちの科学17号、12-20頁、2011年
鷲見聡「自閉症スペクトラム-遺伝環境相互作用の視点から」そだちの科学17号、21-26頁、2011年
岡田尊司「愛着障害　子ども時代を引きずる人々」光文社新書、2011年

真の支援に向けて

宇都宮大教育学部教授　梅永　雄二

■梅永　雄二（うめなが　ゆうじ）　１９５５年生まれ
宇都宮大教育学部教授／京都女子大大学院講師／教育学博士／臨床心理士／ＳＥＮＳ（特別支援教育士）ＳＶ／自閉症スペクトラム支援士Ｅｘｐｅｒｔ／日本自閉症スペクトラム学会評議員／日本ＬＤ学会理事
〈専門〉
発達障害臨床心理学／職業リハビリテーション
〈著書〉
『完全図解アスペルガー症候群』（共著　講談社）／『障害者心理学』（単著　福村出版）／『自閉症の人の自立をめざして』（単著　北樹出版）／『ＬＤ、ＡＤＨＤ、アスペルガー症候群の進路とサポート』（単著　明治図書）／『親、教師、施設職員のための自閉症者の就労支援』（単著　エンパワメント研究所）／『ＬＤの人の就労ハンドブック』（単著　エンパワメント研究所）ほか

発達障害の人が社会参加し、自立していくためには

はじめに

発達障害者支援法に基づく発達障害とは、自閉症、アスペルガー症候群等の広汎性発達障害、LD（学習障害）、ADHD（注意欠陥多動性障害）などと示されています。

自閉症は、『DSM-Ⅳ-TR 精神疾患の分類と手引』（アメリカ精神医学会著、高橋三郎他訳、医学書院）によると、1．社会的相互交渉の異常（感情的な交流がない、目があわない）、2．コミュニケーションの異常（話し言葉がない、話し言葉があってもオーム返しとなってしまう、独特のイントネーションとなる）、3．イマジネーションの障害（興味や活動が限局している、常同的で反復的な行動が多い）の3つ組で定義されています。具体的には、「見立て遊び（ごっこ遊び）がない」「友達に興味がない」「注意の持続が難しい」「名前を呼ばれても返事をせず、他人に無関心」「激しいカンシャクを起こすことがある」「アイコンタクトが少ないか全くない」「手をひらひらさせたり、身体を前後に揺すったりする行動がある」「一つのこと（扇風機など）に固執する」「変化を嫌う」「ある特定の音や臭いに敏感」などの行動特徴を示す場合があります。

アスペルガー症候群は、右記の自閉症の特徴と類似しますが、コミュニケーションの障害がなく、また知的に障害を伴わないため、DSM-Ⅳでは社会性の欠如（目と目が合わない、マイペース）、狭い興味の範囲（鉄道模型や時刻表に熱中する、変化に弱い）で定義され、「表情のような社会的コミュ

ニケーションを読むことができない」「自分と異なる他人の感情を読むことができない」「運動神経が鈍い」「変化に弱い」「機械的・ロボット的なしゃべり方をする」「人の気持ちを無視してしゃべり続ける」などの特性を有しています。

この自閉症とアスペルガー症候群を含めて自閉症スペクトラムと言われます。

ＬＤは、知的には問題はないものの、読みの障害（文字の区別ができない、文字を音声に結びつけられない）、書きの障害（うまく綴れない、鏡文字になる、句読点がうてない）、計算の障害（繰り上がりがわからない、数字や図形を正しく写せない）の一部あるいは重複して存在する場合であり、附随する障害として視空間認知の障害が報告されています。

さらに、ＡＤＨＤ（注意欠陥多動性障害）は、不注意（言われたことを聞いていない、課題を最後までやり遂げられない、毎日の活動や約束を忘れる）、多動（じっとしていられない、コートを着る前にドアを出てしまう、落ち着かないという気持ちがある）、衝動性（順番を待つことができない、質問が終わる前に答えてしまう、他人を妨害し邪魔をする）などで定義されています。

発達障害には発達性協調運動障害（不器用、運動が下手、ボタンや紐が結べない）およびコミュニケーション障害（吃音、表出性言語障害、受容―表出混合性言語障害、音韻障害）などを重複する場合もあります。

以上のような行動特性を有しながらも多くの発達障害者は、従来特別支援の対象とされず、一般の小・中学校および高校で特別なサポートを受けずに教育をされていました。

その結果、学校に適応できず、様々な社会的問題を生じる例も報道されています。幼児期の問題としてまず虐待の対象となっている子どもに発達障害児が多いことが報告されています。それは、自分の我を通す融通性のない自閉症スペクトラムや切れやすく衝動性の強いＡＤＨＤなど、親の言うことを素直に聞かない（わからない）ために、常に叱られ続けていることも誘因の一つだと考えられます。学校に入ると、みんなと同じことができないためいじめの対象となり、その結果クラス内で孤立することになり、学校が面白くなくなり、不登校となります。家庭内でも居心地が悪いため家族と接触することを避け、自分の部屋に引きこもることが増えてきます。無理に家から出そうとすると、学校に行かずにゲームセンターに入り浸りになり、非行に走る場合もありえます。

このような状況が成人期まで続くと、学校に行かない、仕事にも就かない、そして職業訓練も受けないニート状態となる可能性が出てきます。たとえ就職したとしても正規職員ではなく、アルバイトやパートで生計を立てる、フリーターといったワーキングプアの生活を強いられます。就労生活の中でも周りの上司や同僚が発達障害を理解していないために職場内いじめの対象となることがあり、その結果心理的ストレスを感じ、うつ病を発症する人も多いのです。仕事は休みがちになり、結果的に離職・退職を繰り返す状況となります。このような状況では経済的自立が困難となり、犯罪に手を染める発達障害者も出てくる可能性があります。さらに、結婚し生まれた自分の子供に虐待を行う親の中に発達障害者が多いことも報告されています。それは自分が虐待された経験しかないため、同様の子育てをしてしまうのかもしれません。

このような社会的問題のすべてが発達障害と関係しているわけではありませんが、発達障害という障害が世間一般に理解されていないために、生じる可能性があるのです。であれば、医療、教育、福祉、労働などの分野で早期から発達障害者に十分なサポート体制が構築されていれば、未然に防げることも多いのではないでしょうか。

社会生活を営む上で、わが国では対人関係を重視します。そのため、ソーシャルスキルのトレーニングが重要と言われていますが、ソーシャルスキルが対人関係スキルに焦点を置きすぎる弊害も存在します。ソーシャルスキルの定義が「その場の雰囲気がわかること」「自分の発した言動を相手がどのように受け取るかを想像すること」「自分の考えを上手に相手に伝えることができること」と定義されていることがあります。しかし、対人関係に困難を示すことが自閉症スペクトラムの定義であるのに、彼らがこのようなスキルを学習することは限界があります。友達と仲良くしなければならないといわれた結果、その友達から莫大な金銭をゆすられた事件、対人スキルを獲得したために自ら買い物をするようになったものの、高額の化粧品を買わされた事件、複数の宗教団体に加入させられた事件など、対人スキルが向上し、その結果社会へ出て様々なトラブルにあった自閉症スペクトラムの人たちも多いのです。

彼らにとって真に必要なスキルは対人関係スキルというよりも、社会で生きていくためのライフスキルではないでしょうか。ライフスキルでは、様々な勧誘など自分で対処できない場合は、他の人に援助を求めるといったスキルも含まれます。

以上のことを踏まえて、本章では発達障害の人たちが自立し社会参加を行うために必要な支援について検討したいと思います。

(1) 学校教育

1 小学校から高校

発達障害当事者に子どもの頃の幼稚園や学校での状態を調査した報告があります（梅永、２００３）。その報告結果を以下の表１～４に示します。

表１ 幼稚園・保育園時代

- じっとしていられなかった
- よくパニックを起した
- いじめにあった
- 発達の遅れがあった
- 人とのコミュニケーションがとれなかった

表２ 小学校時代

- いじめにあった
- 学校の勉強がわからなかった
- 課題に集中が出来なかった
- 人とのコミュニケーションが取れなかった
- 授業に集中出来なかった
- 学業成績および他のことも同年代の子より遅れがちだった
- 持ち物・宿題を毎日忘れた

表3　中学校時代

- いじめにあった
- 教師が理解してくれなかった
- 勉強についていけなかった
- 人とのつき合い方がわからなかった
- 何事にも自信がなかった
- 人間関係がうまくできなかった

表4　高校時代

- いじめにあった
- 友達が出来なかった
- 人間関係に悩んだ
- 他のクラスメートとペースが合わなかった

表1～4から考察すると、小さいときは学習面や行動上の問題が中心だったのに対し、中学や高校になると、対人関係の問題に変化していることがわかります。また、幼少時から高校に至るまで、すべての段階でいじめにあった経験が報告されています。

これら対人関係のトラブルから二次障害を引き起こし、不登校や非行の問題を生じる場合もあり、その結果成人期における社会参加・就労においてニートやフリーター等のワーキングプアに数多くの発達障害者がいるのではないかと言われる理由となっています。

2　大学（短大）進学

少子化が進む現在、選ばなければ入学できる大学も増えてきています。しかしながら、大学は高校とは異なり授業の選択やサークル活動など主体的に取り組まなければならない活動も多く、その結果履修申告でミスを生じたり、サークルで対人関係が取れない発達障害の学生の存在がわかってきました。

米国およびカナダでは、1100以上もの大学でこれらの発達障害学生専門の相談窓口を設けており、発達障害があっても大学生活をスムーズに送れるような支援が行われています。

わが国においても、大学教育において発達障害学生の支援を実施し始めている大学が徐々に増加しています。しかし、そのためには大学入学と同時にそれらのサポートが受けられる体制を作っておく必要があります。

具体的には、視覚刺激に強い自閉症スペクトラム学生の場合は講義だけではなく、テキストや資料を渡す、前もって見通しがもてるようなスケジュールを知らせておくなどの支援が有効です。また、文章を書くことが不得手なLD学生の場合には、卒業論文の代わりに他の授業を取ることによって補完するなどの支援が有効でしょう。

3　専門学校への進学

専門学校は多岐にわたっているため、一概に論じることは難しいですが、得てしてそこで学ぶ内容と卒業後の就職先での職種が一致しているところが多いようです。よって、手に職を身につけるために専門学校への進学がいいのではないかという考えもあります。しかしながら、職種によっては合わないものも多く、ジョブマッチングが重要となります。

ある自閉症スペクトラムの生徒は保護者の意向で調理師の専門学校へ進学したものの発達性協調運動障害を重複していたため、不器用で包丁さばきができずに退学させられたといった例がありました。また、語学系の専門学校を卒業し、外国で就職したＡＤＨＤの女性は仕事ができずに対人関係でトラブルを生じ、解雇された例もあります（梅永、２００７）。

よって、専門学校で学ぶ科目が本当に発達障害生徒に合っているかどうかを検証する必要があり、そのためには高校在学中に専門学校に体験入学するなどの移行プランを立てることが望まれます。

(2) 家庭

青年期以降の社会生活を営む上で「就労」は自立をしていく上で最も大きな要素となりますが、就労というものは仕事そのものの能力だけで成り立つものではありません。就労以前に身につけておかなければならないライフスキルというものが必要となるのです。ライフスキルについてＷＨＯが定められている定義によると、それらは「自己認識スキル」「共感性のスキル」「効果的コミュニケーションスキル」「対人関係スキル」「意志決定スキル」「問題解決スキル」「創造的思考ができるスキル」「批判的思考スキル」「感情対処スキル」「ストレス対処スキル」となっています。しかしながら、これらのスキルは発達障害者が獲得するには困難なスキルが数多く含まれています。

また、自閉症スペクトラム児には対人関係スキルの獲得には限界があるため、対人関係スキルというよりも、社会で生きていくための生活スキルと考えるべきでしょう。

つまり、親亡き後の成人期に独りで生活することになった場合、訪問販売や様々な勧誘などの対人関係が生じえます。しかし、ライフスキルでは勧誘を断るスキルを学習するのではなく、自分で対処できない場合は、他の人に援助を受けるという意味合いも含まれるのです。発達障害児者はその特性から「社交性に乏しい」「不注意なミスをする」「社会常識が理解できない」などの問題を抱えています。よって、成人した一般の人たちが家を出て一人で生活をしなければならなくなったとしたら、どのようなスキルが必要となるかから検討する必要があります。

米国ではＩＴＰ（個別移行計画）において、学校卒業までに必要なスキルとして「移動能力」「身辺自立」「医療・保健」「居住」「余暇」「対人関係」「地域参加」「教育、就労」「お金の管理」「法的な問題」「毎日の生活」に分類してチェックし、現在達成していること、今後指導していくべきこと、そして成人後も支援が必要なことなどのアセスメントを行っています。また、自閉症スペクトラムの人たちの支援で世界的に著名な米国ノースカロライナ州のＴＥＡＣＣＨプログラムでは、学校卒業後の成人生活への移行にＴＴＡＰ（ＴＥＡＣＣＨ　Ｔｒａｎｓｉｔｉｏｎ　Ａｓｓｅｓｓｍｅｎｔ　Ｐｒｏｆｉｌｅ）というアセスメントツールを使用していますが、その中には職業スキルだけではなく、「職業行動」「自立機能」「余暇活動」「対人行動」「機能的コミュニケーション」など職業的な能力以外のライフスキルを重視しています。

以上のことを考えると、発達障害児童生徒が青年期以降に必要なライフスキルとは、大人が日常的に行う活動に近いものと考えても良いでしょう。具体的には、親元を離れ一人暮らしをしながら働くことを考えた場合、1日の生活だけでも表5に示すような活動があげられます。

表5　1日のライフスキルの例

- 朝決まった時間に自分で起きる
- 顔を洗う
- 朝食を(作り)取る
- 歯を磨く
- (男性の場合)髭を剃る
- (女性の場合)化粧をする
- 髪をセットする
- 適切な服に着替える
- 家に鍵をかける
- 乗り物を利用する
- 遅刻をせずに職場に行く
- タイムカードを押す
- (場合によっては)適切な職場の制服や作業服に着替える
- 上司、同僚に『おはようございます』の挨拶をする
- 昼食を取る
- 昼休みに適切な余暇を取る
- 仕事が終わった後にタイムカードを押す
- 時に応じて残業をする
- 仕事が終わった後に『失礼します』の挨拶をする
- スーパーやコンビニで買い物をする
- ATMを利用する
- 帰宅すると手を洗う
- 夕食をとる
- 入浴する
- パジャマなどの部屋着に着替える
- テレビを見たりCDを聞いたり(ゲームや読書)余暇を楽しむ
- 寝る前に歯を磨く
- 適切な時間に就寝する

(佐々木・梅永、2010)

表5は1日のライフスキルの例ですが、1週間で考えると、「土、日に適切な余暇を楽しむ」「爪を切る」「必要なものをまとめて購入する」「洗濯をする」「ゴミを出す」「掃除をする」などと活動が追加され、1ヶ月では「散髪や美容院に行く」「部屋代、携帯・電気・ガス・水道代などを銀行に納める」「(旅行などの)余暇を楽しむ」、1年になると「健康診断や歯医者にかかる」「車を利用している場合は点検を受ける」なども考えられます。その他、必要に応じて病院にかかったり、高額な買い物は計画的に行うなど、本人の能力や地域・家庭環境などによってそれぞれ必要とされる大人としての活動が生じます。

これらはひとつの例にすぎず、必ずしもすべての人に該当する活動ではないかもしれません。しかしながら、以上のようなスキルを獲得できていない発達障害の成人が多く、それが職業的自立に影響を及ぼしているのです。

よって、青年期以降の自立に必要なスキルとはどのようなものかを個別に検討し、そのようなスキルを家庭で指導し、獲得することが必要となります。

(3) 就労

発達障害を4つのグループに分けて考えると、第1グループとして、知的障害を伴う自閉症のように療育手帳を所持し、知的障害者としてのサービスを受けられる人たち。第2グループとして、専門の医療機関でアスペルガー症候群やADHDときちんと診断されている人たち。第3グループとして、診断は受けていないものの、自分は発達障害ではないかと考えている人たち。そして第4グループとして、実際に発達障害があっても、家族や本人が発達障害であるという意識を持っていない人たちに分けられます。

第1のグループは知的障害者として就労するため、職種の選択や企業の理解が進んでいる場合が多いようです。第2のグループは自らが他の人たちと違うという意識を持っているため、障害者としてのサポートを求めており、第3のグループもそれに近いタイプです。

しかしながら、第4グループの場合、本人が発達障害という意識がなくても、自分の能力やニーズにマッチした職業に就き、充実した職業生活を営んでいる人たちも多いかもしれませんが、その逆に発達障害の特性が問題となって離職や退職を繰り返している者も数多い状況です。これは、ジョブマッチングがうまくいっていないことと、職場の上司や同僚の人たちに障害の理解が進んでいないことが原因だと考えられます。

就労では、職に就けばいいのではなく、できるだけ長くその職場での定着を図ることを考えなければなりません。そのためには、発達障害であることをカミングアウトし、その障害に応じたサポートが受けられるような支援が必要なのです。あるアスペルガー症候群の女性は昼休みの時間に女性同士で会話するのがとても不得手で、トイレの個室で昼食を取っていたことがありました。しかし、現在は人と接触するのが苦手だということを職場の人たちが理解してくれたため、別室でお昼を取っています。これは、発達障害という障害を一緒に働く同僚・上司が理解してくれたから実現できた支援だと考えます。もし、何も伝えないまま、勝手にこのような行動を取っていたら、職場の人間関係に支障を来していたかもしれません。

(4) 今後の支援のあり方

発達障害の人たちが成人期に社会参加し、職業的自立を果たすためには就労現場だけでの支援だけではでは十分ではありません。

医療、療育、教育、福祉、矯正機関など多職種の連携・協力が重要です。医療分野においては、早期の適切な診断と診断後の関係機関への橋渡しが望まれます。表6は発達障害と診断されたときの気持ちを示したものです。この結果から、診断を受けることで今まで感じていた周囲と自分の違いの原因がわかり、生活をしていくうえで具体的な対策を立てることができるようになり、結果として前向きに生活ができるようになっていることがわかります。

表６　診断をされてよかった理由

- 人格が悪いのではなく自分を卑下することはないことがわかったから
- 家族が障害に対して理解してくれるようになったから
- 前向きに対処の方法を考えられるようになったから
- 生きづらさの原因がわかり具体的な対策を考えられるようになり、自分に対して罪悪感をもたずにすむようになったから
- 自分の仕事の適性などを知ることができ、いろいろと対策が取れるようになって日常生活が楽になったから
- 人とうまくいかなかったことが自分が悪いためではなかったことがわかり、周りや自分の接する人に対して医学的問題で人とのコミュニケーション上の困難があることを伝えられるから
- 自分の性格の問題だと悩むことがなくなり、自分を直そうと無駄な努力をする必要がなくなったから
- 自分の抱えている問題が具体的になったから
- 努力不足ではなく、脳の機能障害だとわかったから
- 自分は普通ではないと感じていたのでその原因がわかったから

療育・教育においては、自閉症スペクトラム、ＬＤ・ＡＤＨＤ等の障害特性だけではなく、個別の児童生徒に応じた療育や特別支援教育の充実が望まれます。

米国では、障害のある子どもを対象としたＩＥＰ（個別教育計画）というプログラムがあり、その中で「学校から成人生活へ」の自立を図るためのＩＴＰ（個別移行計画）が作成されます。ＩＴＰで

は、ジョブコーチや職業カウンセラー等が参加するミーティングが開かれています。このように、できるだけ早期からの職業自立を図ることが必要といえるでしょう。

また、学校教育の中でも教科教育中心のアカデミック・スキルのみではなく、先に述べた社会に出てから必要なライフスキルの指導が必要です。

さらに、高校卒業後に職業的な能力を身につける能力開発校(職業訓練校)を設置し、職業的自立を早くから図ることも有効と考えます。現在発達障害者に特化した職業訓練校はありませんが、訓練機関や企業に委託して職業訓練を受けることができる制度は存在します。

福祉の側面では、現在発達障害の診断が医療機関だけになっているため、児童相談所や発達障害者支援センターなどで診断が受けることができることが望まれます。さらに、現在矯正の分野においても少年院教官、家庭裁判所調査官に対する発達障害者の研修が実施されています。矯正と教育とは密接に関わる部分もあるため、学校在学中にできるだけ非行を防ぐような手立てをお互いに連携していくことも大切です。

おわりに

労働の側面においては、企業は発達障害の人の雇用を避けているわけではなく、発達障害のことをよくわかっていないためにどのような職務に就かせたらいいのか、またどのような支援が必要なのかがわかっていない状況です。2013年には障害者雇用率も1・8%から2%に引き上げられ、50人以上の従業員が在籍する企業では1人以上の障害者を雇用しなければならなくなります。また、納付金の対象事業所も2015年からは100人を超す事業所になり、益々障害者雇用を検討していかなければなりません。

まず行うべきことは、企業に対して発達障害の理解・啓発を図ることが必要です。その際に、ハローワークや障害者職業センター、就業・生活支援センター、発達障害者支援センター、若者サポートステーションなど企業と発達障害の人たちの間を取り持つ支援者の人たちに発達障害者の就労支援の課題や具体的支援法の研修が必要となってきます。

発達障害者に詳しい就労専門家であれば、適切な職種のマッチングができるようになり、抽象的な指示での支援を少なくすることができます。そして何より大切なことは、職場内での対人関係の調整を行うことです。発達障害者の多くは、離職・退職の原因は仕事そのものの問題よりも対人関係などのソフトスキルの問題が中心となっています。よって、就労支援の専門家は企業と発達障害者との間を調整するジョブ・コーディネーターとしての専門性が望まれるのです。

障害を理解する

白鷗大教育学部教授　仁平　義明

■仁平　義明（にへい　よしあき）　１９４６年生まれ
白鷗大教育学部教授／日本学術会議連携会員／東北大名誉教授／日本自閉症スペクトラム学会評議員
〈専門〉
認知心理学、障害者の心理学
〈著書〉
『子どもに障害をどう説明するか』（共著　おうふう）／『ほんとうのお父さんになるための15章』（ブレーン出版）／『嘘とだましの心理学』（共編著　有斐閣）／『防災の心理学』（編著　東信堂）ほか

知る・理解する・わかる

自閉症について、二つの記述を読み比べてください。最初は、これです。

(3)行動、興味、および活動の限定された反復的で常同的な様式で、以下の少なくとも1つによって明らかになる。
(a)強度または対象において異常なほど、常同的で限定された型の1つまたはいくつかの興味だけに熱中すること。
(b)特定の機能的でない習慣や儀式にこだわるのが明らかである。
(c)常同的で反復的な衒奇的運動(例:手や指をぱたぱたさせたりねじ曲げる、または複雑な全身の動き)
(d)物体の一部に持続的に集中する。

アメリカ精神医学会の『精神疾患の分類と診断の手引きDSM-Ⅳ-TR』(医学書院、高橋三郎他訳)にある「自閉性障害」の診断項目の一部です。

次は、サイモン・バロン＝コーエンが『自閉症とアスペルガー症候群』（オックスフォード大学出版会、２００８年）で自閉症の特徴を述べている文章です。

> 彼のお母さんは、定期的に、一人でホテルに泊まることにしていました。毎晩、ジェミーの奇声で眠りを邪魔されていたので、一晩ゆっくり眠りたいという目的だけでホテルに泊まっていたのでした。今日も彼の眠りは切れ切れ。棚にある自分のＤＶＤコレクションを何度も並べてはまた並べなおしたり、鉄道模型のカタログのページに顔をくっつけて何千もの列車模型型番の微細な字を読んだり、めくりすぎて擦り切れた雑誌のページをまためくり続けたりして、夜中に何時間も起きていることがよくあります。カーペットに寝転んで顔を横にして、自分の模型列車の車輪の部分を、数ミリの距離からみていることもあります。

バロン＝コーエンは、架空のジェミーという少年のケースを具体的に書くことで、自閉性の特徴を説明しています。例は、ジェミーについての長い記述の中から、先のＤＳＭの項目に相当する部分を取り出したものです。お母さんについても書いてある点がＤＳＭとはちがいます。ここで、バロン＝コーエンが、ジェミーのお母さんを非難していると受け取ったとしたら、とんでもない誤解です。彼は自閉症の特徴とともに、そのことでいかにお母さんが苦労をしているのかも述べているのです。

バーンベイとラバートも、障害児の両親のために必要なものとして、「二つのＲ」（レスト「休息」

とリラクセーション（「気晴らし」）をあげています（N・バーンベイ＆E・ラバート「慢性疾患あるいは身体的ハンディキャップを持つ子供の両親」、L・E・アーノルド編、作田勉監訳、『親指導と児童精神科治療』、星和書店、1981年）。彼らは、こう書いています。

「障害を持った子どもに全力を注いでいる親たちは、心身ともに消耗し、数時間そこから離れる必要を感じても、そうしてはいけないと思ってしまう。しかし、戦争の前線の兵士たちでさえ、休暇が認められる。疲れきった親の顔の代わりに、休息と気晴らしによって回復した親の表情を子どもに見せるべきだ。親の力を使い切ってしまうかわりに、地域や政府の力を使い切りなさい。親なしですますことはできないのだから」

障害について、知識として「知る」・意味を「理解する」・意義が「わかる」という3つのレベルのどれにしても、DSM‐Ⅳ‐TRの症状項目の羅列だけに頼るよりは、バロン＝コーエンのような具体的なケースの描写があると、障害が持つ意味も、その子の母親の負担も「わかる」はずです。

説明するときに具体的なケースを書くというやり方は、バロン＝コーエンに限りません。自閉症を最初に記載したレオ・カナーも、同じようにアスペルガー障害を最初に記載したハンス・アスペルガーどちらも、最初の論文の中で、具体的なケースの記述をしています。

学校の教師も、学級の子どもたちや他の保護者に自閉症について説明をすることがあります。これは私が書いた架空の説明の出だしです（相川恵子・仁平義明著『子どもに障害をどう説明するか』、ブレーン出版〔現、おうふう社〕、2005年、第1章・仁平「すべての先生・お母さん・お父さんが求められる」から)。少し長くなりますが、お読みください。

クラスのいちろう君について、話をしておきたいと思います。

お母さまお父さま方は、お子さんから学校であったことを聞くことで、いちろう君について間接的にお知りになると思います。たとえば、お子さんは、素朴に、うちのクラスには変わった子がいるんだよ、という言い方をするかもしれません。また、いちろう君に対して、お子さん自身がどうふるまったらよいかを質問されることがあるかも知れません。

あるいは、直接に、学校に参観にいらしたりしたときに、いちろう君の行動を不思議に思うことがあるかもしれません。なんであの子は集団にまざらないでいるんだろう、教師である私が、なんでもっと強く注意しないんだろう、などと思う方もいるかもしれませんね。

いちろう君には、自閉症と呼ばれる障害があります。

自閉症という障害については、みなさんもいろいろな機会にどういう特徴のある障害かを人から聞いたり、あるいは新聞やテレビ、そのほかの本などで、見たり読んだりしておられることも多いと思います。

でも、知識の程度や理解の仕方はさまざまだと思いますので、保護者のみなさまに同じ知識や考えを持っていただき、いちろう君と他のお子さんの関係が少しでもうまくいくように、また、私どもの教育のやり方にご理解をいただけるようにと考えて、この機会を設けました。

今日は、いちろう君のご両親にもおいでいただいています。私の話で足りないことは、お二人から補っていただこうと思います。また、ご両親のお気持ちについてもお話いただきたいと思います。

（中略）

どなたもお子さんを育てていく中で、いろいろなよろこびがあったでしょうし、いろいろな悲しみやご苦労もあっただろうと思います。これは、どなたも同じです。

それでも、お子さんに障害があった場合の、心身のご苦労は、私たちが想像しているよりはるかに大きいもののようです。

たとえば、お子さんに障害があったとき、生後2年間のうちに、お母さんがご苦労からご自分のからだに病気や変調があったりして、医療を受ける割合は、お子さんが障害がないお母さんの場合に比べると、50％も多いという報告＊もあります。

これは外国の報告です。残念ながら、一般的には、お父さんよりもお母さんにそれだけ負担が多くかかるという報告です。ただ、お父さんがお母さんに子どものことをまかせてしまうことが多いのを非難したいというのではありません。それほど、障害のあるお子さんを育てていくご苦労は大きいということです。

いちろう君のご家庭では、お二人で力をあわせて、育児をされてこられたと思います。

こう申しあげるのは、同情をお願いしたいというのではなく、事実を知っていただきたいということです。障害のあるお子さん、その親御さんにみなさんができる最大の協力は、障害について、ゆがみのない正確な知識を持っていただくことだと思っています。

もしかして、今日授業を参観しながら、いちろう君の行動をご覧になって、わがままな子だとか、それでも親御さんのしつけがもっとできるはずだ、と思われた方がいらっしゃるかもしれません。でもそうだとしたら、これ以上、ご両親を悲しませることはありません。

お二人は、これまで、私たちが想像している以上のご苦労をされて、いちろう君を育ててこられたはずです。

もし、わがままだとか、しつけがなっていないとかお感じになられたら、それこそが、なかなか変わりにくい障害の特徴からそうみえるのだということを申し上げたいのです。それほど、障害のあるお子さんを変えていくことが大変だということを知っていただきたいのです。

保護者のみなさまには、どんな協力がしていただきたいのかを申しあげます。

一つは、何よりもまず、自閉症について深くご理解をいただくことです。知っていただくことが最大の協力です。もう一つは、いちろう君について、これから私がお願いすることを、お子さんにお話しいただくことです。私もクラスの子どもたちに話をしますが、お父さまお母さまからも必要なときにはお話いただくことで、お子さんのいちろう君への対応もちがってくると思います。

いちろう君は、どんな困難を抱えていて、彼なりにどんな気持ちを持っているのか、ご両親はどんな苦労をしてきてどんな気持ちなのか、子どもたちはいちろう君にはどうふるまったらよいか、逆にしてはいけないことはどんなことか、彼のためにどんな協力ができるか、彼は将来にどんな目標を持っているか、などです。

これから、少し長い話になるかもしれません。ご協力をいただけると、うれしいのです。協力と申しあげましたが、これは相手に与える恩恵としていちろう君やご両親に協力するのではなく、人間であれば当然果たさなければならない義務だと、私は考えております。

（後略）

架空の説明ですが、報告＊とあるのは実際の研究報告（アン・ガース、1977年）で、子どもに障害のある母親の方が病気が50％も多いというのも事実です。もう一つ強調しておきたいのは、子どもに障害があったときには母親に負担が偏りがちなことです。感情のない冷たい親が自閉症の原因だという「冷蔵庫マザー説」が古い時代に唱えられたことで、多くの親が苦しみました。それも、ファーザーではなく、マザーという名称が使われています。いまは否定されているおろかな説です。

子どもに不登校や引きこもりなどの問題があったとき、問題がなぜ起こったと人は考えるのか国際比較調査をしてみると、子どもの問題は母親に原因があるとする傾向は、とくにわが国が顕著でした。日本文化は、”母親を責める文化“です（仁平説子・仁平義明「相談と研究の現場から―知っておきたい親心⑤母親を責める文化」学研WEBマガジン『自立をめざして』2003年)。

説明にどんな要素を含めるか

親や教師が、障害を持つ子どもについて他の子どもや親たち、周囲の人に説明しようとするとき、説明に含まれる候補になる要素には少なくとも次の12の要素が考えられます(前出書)。

①障害名あるいは"障害"という表現(自閉症、"障害"など)
②障害の原因(子どもには、病気、脳あるいは頭の中のキズ、ケガ、などの表現で説明されることもある)
③その子の状態や抱えている困難(症状、機能の障害、できないこと、ハンディキャップ、行いにくい活動、社会参加を妨げている問題など)
④障害のある子自身の気持ち・親の気持ち(悩み、願い、希望、苦しみなど)
⑤その子が特別な存在ではないこと(だれにもそれぞれ苦手なことはある、というような説明など)
⑥周囲に起こりがちなマイナスの反応(いじめ、からかい、その子を避けるなど)
⑦その子にどう対応したらよいか(はっきりしたやさしい言葉で話しかけて、体には触らないで、など具体的な対応)

⑧障害のある子のポジティブな側面（その子が努力していること、肯定的な性格、他の人間にとってのプラスの存在であることなど）
⑨障害のある子の将来の目標（その子が、将来、どんな進路をめざしているか、達成すべき目標を持っているかなど）
⑩周囲が協力・サポートできることの内容（その子の困難な状況に対して、あるいはふだんどのような協力ができるかなど）
⑪その子への教育的処遇・家庭での対応とその理由（特別支援学級への所属や、部分通級など変則的な学習形態、親の常時の送り迎えなどとその理由など）
⑫今後の変化・進歩・改善の見込み（進歩可能性、学習や発達のスピードなど）

このうち、どの要素を説明に含めてどのような要素は入れないか、それらをどのような表現で説明するかを決めるとき、考慮すべき条件には次のようなものがあります――「社会の障害（者）観」、「障害についての対象者の知識度」、「対象者の年齢・理解力」、「障害の種類」、「起こりうる問題の重大さ（説明の必要度）」、「保護者の考え・要望」、「支援のシステムの現状」、「説明をする場面」、「そのときの説明の目的」（前出書、第18章「説明のシステム化と方略」仁平義明）。

中でも、説明をどうするかを決める最大の要因は、「説明の目的」です。

説明の目的

なんのために発達障害について説明をするのでしょうか?

説明には、消極的な目的・積極的な目的、短期的な目標・長期的な目標があります。消極的な目的の説明は、他の子どもたちの疑問を解消したり、子ども同士の摩擦を予防したりするために行う場合です。なぜその子は呼びかけても返事をしてくれないのか、自分たちを無視しているということなのか、教室でその子が集団活動に加わろうとしないのはその子がわがままなせいなのか。それなのに教師から自分たちの場合ほどに強くは注意されないのはどうしてか・・・子どもたちには疑問だらけです。

マリ=エレーヌ・ドルバル作、スーザン・バーレイの絵本『わたしのおとうと、へん・・・かなあ』(おかだよしえ訳、評論社、2001年)は、ダウン症のきょうだいを持った子どものために書かれたものです。こういう記述があります。

「・・・ドードが、スープをこぼしても、
ママは、ぜんぜん、おこらない。
だまって、ふいて、あげるだけ。
ドードが、ゆかに、おもらしをしても、
パパは、ぜんぜん、おこらない。
だまって、ズボンをかえてあげるだけ。

なんで、ドードを、
あまやかすの?
なんで、ドードをしからないの?
これじゃ、ドードは、
赤ちゃんのまんまよ!
パパ、ママ、どうして?
説明してよ!」

しかし、説明の目的は、こうした個々の疑問に答えるという消極的なものにとどまりません。その子を一人の人間としてどう理解し、その子にどう対応したらよいか、少し難しい表現をすれば、障害に対する体系的な「認識と行為の枠組み」(障害スキーマ)を形成し、さらにはその子に対する肯定的な態度と他の子どもも含む支援の体制をつくりあげることが、説明の長期的な目標だといえます(仁平「発達障害について説明するとき―説明を通して何を目指すか」、『児童心理』2006年10月号)。

と同時に、説明の目的は、これ以上のものがあります。障害について理解することで「人間の尊厳」について考え、障害を持った子どもの生き方を考えることで、他の子どもたちに、「人と人がいかに生きるかを教える」ことに最終的な目的があるといえます。

人間の尊厳について考える

障害を持った子どもへのいじめやからかいを防ぐためには、というよりは障害についてほんとうに理解させるためには、人間の尊厳について考えさせる必要があります。

「人間の尊厳」についての説明しようとするときは、次の内容は欠かせません。

(1)すべての人間には侵してはならない尊重すべき厳然としたものが存在すること

(2)一人ひとりの存在そのもの、特性、願望、自己決定というものは基本的に尊重されるべきこと

(3)それを侵し自分たちの集団から排除しようと、いじめ・からかいをすることは「卑劣な」行為で人間の弱い心から生じるものであること

(4)本人が自分の尊厳を守れないときには教師の自分が代わって守りきる決意があること、他の子どもたちも同じ決意を持ってほしいこと

この重くなりがちな説明を、ユーモアを持った例で書いてみました（前出書、仁平「説明とシステム化の方略」から)。

先生は背が高いか?

うん、低いよな。ちびだよ。あっはっは。

せんせいは、かっこいいか?

うん、かっこよくないよな。あっはっは。

せんせいは、歌がうまいか?
うん、音痴だよな。あっはっは。
どれ、ちょっと歌ってみようか。
やめてくれってか。

じゃあ、先生はだめな人間か?
そうじゃないよな。
先生は、いつもみんなのこと、一生懸命考えてるよな。
みんなが、いろんな経験をして、いろんなことを覚えて、
しあわせになるにはどうしたらいいか。いつもそれだけを考えているよな。

人間は、他人と比べながら生きるんじゃなくて、
自分がどうしたらよくなっていくか、
他の人のために何ができるかを考えながら
生きていくんだよ。
だから先生は、毎日が楽しい。

ほかの人にくらべて
かっこいいとか、背が高いとか、

何かができるとか、できないとか、
そんなことで人間の価値はきまるもんじゃないよ。

もし、先生がだれかだけをひいきしたり、
勉強や体操ができないからといって
だれかをばかにしたりしたら、
いい先生だなって、尊敬してくれるか？
みんなが大人になっても
いい先生だったなって
思ってくれるか？

みんなにとって大事なのは、先生がかっこいいかどうかじゃないよな。


みんなは先生をいじめたりしないよな。いじめたり、からかったりするのは、ひれつな人間のすることだよ。

世界でいちばんよくないのは、「ひれつ」な人間だよ。

心が弱くて、ひきょうな人間のすることだ。

ほんとうに強い人間は、人をいじめない、からかわない。

こころの弱い貧しい人間が、からかったり、いじめたりするんだ。

自分一人ではなくて、ほかの人と一緒になっていじめたり、からかったりするんだ。

もし、みんながだれかを、
勉強ができないとか、何かができないとか
ちょっと自分とちがうところがあるとかで
ばかにしたり、からかったりしたら
そのだれかは、大人になってみんなを思い出すとき
いい仲間だったなって
思えるか？

だれかの思い出の中で、ひれつな人間になりたいか？
それよりは、誰かの思い出の中で、
あいつはいいやつだったな、やさしいやつだったなって
思ってもらいたいよな。

人には、いろんな障害があることがある。
その人の責任でもなんでもない。
先生のようにちびがどうした。
先生のことをちびだという人間だって、
もっと大きいひとからみれば、ちびだ。

障害がどうした。

障害があっても、人間は楽しく生きられるんだ。
自分がどれだけ人生を楽しめるかどうかが大事だよ。

みんな
今日は何か楽しいことあったか。
明日は何か楽しいことがありそうか。
（後略）

ねがい

ここまでしつこく説明の例をあげてきたのは、障害の理解に具体的な例がどれだけ力を持つかをわかっていただくためです。下野新聞の連載記事「あなたの隣に　発達障害者と向き合う」が人をひきつけたのは、発達障害を持つ人々の姿を、これらの例などよりもさらに徹底したかたちでいきいきと描いたからです。最後に、私がことあるごとに強調していること、記事の紙面批評でも書いたことを繰り返しておきます。

「障害を持った子どもの親が安心して死ねる社会」そして「本人が自分の人生は悪いものではなかったと思える社会」をつくることは、社会の責任、政治の責任、そして私たち一人ひとりの責任です。そんな社会が実現することを、ねがってやみません。

連載を終えて

2010年秋、取材を始めたころ、取材班で決めたことがある。「半歩だけ先を行く原稿を書こう」。なお偏見が強い発達障害。先走りし独善的にならず、本人や家族に寄り添う、との姿勢だ。

にわか勉強で取材を続け、連載は3カ月後の11年1月に始まった。アスペルガー症候群のある小学4年の男児の愛らしい笑顔が紙面を飾った。「少しは理解できたのかな」と胸をなで下ろした。

冷や水を浴びせられたのは、その直後だ。「分かってくれていると思ったのに…」。取材に協力してくれた母親からの電話。思い詰めた口調だった。

「妥協しない指導が鍵」。母親は、関連の記事に付けられたこの見出しを見過ごせなかった。発達障害児への対応を考える会合の記事だ。「大人が毅然と指導するのは大切かもしれない。でも、信頼関係やパニックを受け止める環境が大前提」と母親。見出しから、そこは読み取れない。「『妥協しない』が一人歩きしたら…」

多くの保護者に苦い記憶がある。「集団行動が苦手」「人の気持ちを読めない」。障害ゆえ、わが子がとりがちな言動。教諭が厳しく対応し不登校を招くことも後を絶たない。

社会の理解は道半ば。取材先で「障害ならわがままを許されるのか」など誤解のある言葉を何度も聞かされた。苦悩し電話をくれた母親らを思い、「偏見を取り除くのは事実を伝えてこそ」と自分を奮い立たせた。

科学ジャーナリスト大賞の受賞が決まり、メールが届いた。「とてもうれしいです」。あの時の母親からだった。意を強くした。また「半歩先」を見据えた。

（社会部 山崎一洋）

新聞に名前と顔写真が載り、障害特性や苦い体験が活字になる。これがどんなに勇気のいることか、説明する必要はないと思う。

「発達障害」を取材テーマに決めると同時に、目指したのは実名報道。連載のタイトル「あなたの隣に」を読者に実感してもらうには、「実在感」が不可欠との判断だった。

周囲に誤解される悔しさ、自分で自分をどうすることもできないもどかしさ、わが子と意思疎通できない悲しさ—。取材では多くの方から話を聞くことができた。

だが、「記者1人に話すこと」と「不特定多数の人たちに報じられること」はは別物。「（発達障害があることを）周囲に告げていないので」「本人も診断名は知らないんです」といったケースも少なくなかった。「見えにくい障害」を「見える形」にする難しさは想像以上だった。「やはり実名報道は無理なテーマなのでは」と、取材を終えた深夜に取材班の同僚とため息をついたのは一度や二度ではない。

そんな中、連載では16人の方が当事者として登場してくれた。すべてが実名とはいかなかったが、「実在感」は持って読んでもらえたと自負している。ひとえに、理解促進を望む16人の方たちの勇気のたまものだ。

連載終了後、「取材を受けてよかった」と複数の方に言っていただいた。その前段に大きな葛藤や逡巡があったことを思うと身が縮むが、取材班として提言した「発達障害をオープンにできる社会」の一助になったとすれば うれしく思う。

（くらし文化部 荻原恵美子）


小山市内の段ボールメーカーで契約社員として働く20代男性を取材したのは、連載最終盤の2011年6月だった。男性にとって3カ所目の職場。過去2回は健常者枠での就労だった。男性の母親は打ち明けた。「障害者枠で臨むことになった時、息子は『なんで』と大声を上げ大変なパニックを起こしたんです」

連載の取材を始めた当初、県発達障害者支援センター「ふぉーゆう」で聞いた話を思い出した。「知的レベルの高い人もおり、精神障害者の手帳取得に強い抵抗感を持つこともある」

周囲も同様だ。「親が障害を認めない」「医療につなげることが難しい」。取材で度々耳にした。背景にあるのは偏見や社会的排除への恐怖だ。実名報道を目指したが、周囲の反応を恐れ匿名にしたり掲載を断念したりした当事者もいた。その事実こそ、問題の根深さの象徴だろう。

取材班は一連のキャンペーン報道の締めくくりに「社会全体が障害受容を」と提言した。社会構造が変容し、将来展望を開きにくい時代に入った。ゆとりや寛容さが失われる中、実現は容易ではないかもしれない。

だが、島根大に入学した男子学生の知人が話してくれた。「どんな障害でも、傷つきながら行動する先駆者がいて理解が進む」

自分がその立場なら、先駆者になる勇気はあるだろうか。取材に応じていただいた方々に感謝したい。偏見や排除のない社会になることを願う。

（くらし文化部　阿久津信子）

おわりに

「発達障害でいこうと思います」

２０１０年10月下旬、下野新聞社４階の編集局会議室。翌11年初頭から各部で編成された取材班が始める大型連載企画のテーマを編集幹部に伝えると、「ん？」という雰囲気が漂った。

予想された反応だった。教育問題を取り上げる方針は決まっていたものの、それまで下野新聞ではほとんど取り上げることのなかった発達障害を長期連載記事の中核に据える。当然と言えば当然の反応だった。

「発達障害のある子どもが増え、学校現場も苦慮しているらしい」。きっかけは、大型企画のテーマ探しを兼ねて小中学校を回り始めた取材班のメンバーからこんな報告を受けたことだ。「これから大きくなる問題。いち早く県内の実態を調べ、キャンペーン報道しよう」。編集局として決定したのは、10年11月中旬のことだった。

不安もあった。「社会性のあるテーマとして広がりが出るのか」「逆に偏見や差別を助長することにならないか」…。11年１月、長期連載がスタートする。障害のある小中学生や高校生らは原則実名だ。連載記事が紙面を飾る中、読者からメールや手紙が続々と取材班に届いた。「同じ子を持つ親として勇気をもらった」「障害のことを学校は理解してほしい」。想像を上回る百数十件の反響の数々。不安は杞憂に終わり、取材班のメンバーも手応えを感じ始めた。東日本大震災の発生は、まさにその時だった。

連載は一時中断し、発達障害取材班はそのまま震災取材班へ。キャンペーン報道の予定も大幅な変更を余儀なくされた。11年4月中旬、連載をどのように続けるのか取材班と何度も話し合った。「とにかく一つの形にしてまとめよう」。取材班が復活し連載の最終部や関連特集記事、提言を掲載できたのは、同6月中旬のことだった。

日本科学技術ジャーナリスト会議は12年4月、「科学ジャーナリスト賞2012」の大賞に選んだ理由を「教育界でいま大きな問題となっている発達障害に真正面から立ち向かい、実名、写真入りで取り上げて社会に強くアピールした。地方紙ならではの寄り添った取材が生み出した意欲作」と評した。長期連載を統括したデスクとして望外の喜びであると同時に、一連の取材に協力していただいた発達障害児者やご家族、教育・医療関係者、約半年に及ぶ報道を支えてくれた多くの県民読者にあらためてこの場をお借りして深謝したい。

2012年7月

下野新聞社社会部部長代理　茂木信幸

下野新聞社《しもつけしんぶんしゃ》

1878 年創刊。日刊紙として栃木県内最大の約 32 万部を発行する。行政対象暴力の闇に切り込んだ鹿沼事件の連載で第 4 回石橋湛山記念・早稲田ジャーナリズム大賞奨励賞（2004 年）、菅家利和さんが再審無罪となった足利事件の長期検証企画で第 16 回平和・協同ジャーナリスト基金賞奨励賞（10 年）と第 15 回新聞労連ジャーナリスト大賞特別賞（11 年）を受賞。

shimotsuke shimbun-shinsho

下野新聞新書 6

ルポ・発達障害《はったつしょうがい》　あなたの隣《となり》に

下野新聞編集局《しもつけしんぶんへんしゅうきょく》　取材班《しゅざいはん》

平成 24 年 7 月 30 日　初版
平成 24 年10月 15 日　初版　第 3 刷
発行所：下野新聞社
〒 320-8686 宇都宮市昭和 1-8-11
電話 028-625-1135（事業出版部）
http://www.shimotsuke.co.jp
印刷・製本：株式会社シナノパブリッシングプレス

装丁：デザインジェム

Printed in Japan
ISBN978-4-88286-495-0 C0295